Elogios para

Sonia González-Boysen está excepcionalmente calificada para escribir este libro, dada su extraordinaria comprensión de cómo involucrar el intelecto y las emociones de sus audiencias de manera realmente asertiva: abierta, honesta, respetuosa y persuasiva. Como las personas exitosas deben ser comunicadoras altamente efectivas, Sonia ha brindado a sus lectores una guía práctica y perspicaz para aprender y desarrollar de manera constante estas habilidades tan valiosas. Los resultados pueden ser empoderadores y transformadores porque abarcan todas las áreas de nuestras relaciones profesionales y personales, para el bien de los demás y de nosotros mismos.

KEVIN COOK
Director de Comunicaciones
Pan American Health Organization (PAHO) / World Health Organization (WHO)

En la vida profesional todo es un gran proceso de aprendizaje permanente de diferentes formas como la académica, la empírica y el conocimiento adquirido: lecturas, películas, videos... Pero pocas tan enriquecedoras como recibir mentoreo.

Sonia González-Boysen ha sido para mí un antes y un después en mi desarrollo profesional. Su energía y pasión por enseñar el arte de la comunicación la convierten en la gran maestra por excelencia.

HUGO GARCÍA
CEO - VETEC
Monterrey, México

Este libro, al igual que los publicados anteriormente por Sonia, representa esa fuerza tan poderosa que ella proyecta y que es capaz de transmitir a quien lo lee.

Es sorprendente como, desde el momento en que tocas una página, quedas atrapado en un remolino de herramientas que transforman tu vida, tus acciones y tu forma de ver las cosas (por ende, la forma en que te ven los demás).

Hay momentos en la vida en los que debes decidir hacia dónde quieres apuntar, con quién quieres contar y cómo enfocar tu energía. Este libro es en verdad un trampolín que impulsa y concentra esa energía interna que todos tenemos, pero que no hemos explotado. Tal como lo hizo Sonia como mentora en su momento, transformó mi vida personal y laboral en un mundo de alta competencia, pero donde siempre la energía y la alegría que le pones a la forma como te comunicas son una garantía del éxito.

ALFONSO USCÁTEGUI
Líder de SAP, Mission Critical Services.
Ab-InBev (Antes Bavaria – SABMiller)

Si pensamos en la sociedad de estos tiempos y en la forma en que nos comunicamos, por redes sociales, emails o mensajes de texto, vemos cómo se ha perdido el valor de la comunicación pura. La autora y mentora Sonia González-Boysen nos trae esta vez un fresco enfoque de la comunicación asertiva, para poder ser educados como sociedad de una manera correcta y comunicarnos con sabiduría desde un lugar honesto, respetuoso y directo. Las herramientas de comunicación que yo he aprendido de ella me han sido muy útiles y de mucha ayuda en mi vida profesional y personal.

ZINAT HEREDIA
Sicóloga, *Coach*, Los Ángeles, CA

Para mí, como editora y mánager de contenidos, la comunicación asertiva ha sido la clave para lograr los objetivos propuestos. Gracias a las técnicas, a los diferentes procedimientos que forman parte de la comunicación asertiva, es posible lograr la interacción que buscamos con nuestro interlocutor. Cuando conocí a Sonia González-Boysen, un mundo de oportunidades se abrió ante mí. Gracias a ella entendí la importancia de fomentar el respeto en ambas direcciones, hacia la audiencia, pero también hacia nosotros mismos, como una de las claves para obtener resultados favorables. La actitud que mostramos, la forma en la que escuchamos, la manera en que prestamos atención, el interés que presentamos, el tono de voz que utilizamos, la postura corporal, cada una y en igual medida, han sido las herramientas que me han permitido insertar en mi mensaje, la confianza y cercanía que por supuesto me llevan al éxito. La comunicación asertiva, bien explicada, bien entendida, de la mano de Sonia González-Boysen, ha cambiado mi eje como comunicadora.

SOFIA ZERMOGLIO
Editora y mánager de Contenidos
Diario *La Opinión*, Los Ángeles, CA
Mentoring para el desarrollo de competencias en comunicación

MENTORING AVANZADO

ASERTIVOS

21 CLAVES
PARA LA TRANSFORMACIÓN
DE TUS RELACIONES INTERPERSONALES
CON INTELIGENCIA EMOCIONAL

SONIA GONZÁLEZ-BOYSEN

GRUPO NELSON
Desde 1798

NASHVILLE   MÉXICO DF.   RÍO DE JANEIRO

Editora en Jefe: *Graciela Lelli*
Edición: *Martha Liana García*
Diseño y tipografía: *Grupo Nivel Uno, Inc.*

ISBN: 978-1-40021-357-3

Impreso en Estados Unidos de América

19 20 21 22 23 LSC 9 8 7 6 5 4 3 2 1

«El que sabe pensar, pero no sabe expresar lo que piensa, está en el mismo nivel que el que no sabe pensar».[1]

PERICLES
Influyente orador y político de Grecia (495 A.C. – 429 A.C.)

Dedico este libro a:

Dios, con todo, todo mi ser.

Jim, mi esposo, con amor verdadero.

Daniel y Ángela, talentosos hijos,
   con profundo cariño.

Majo, bella nuera... sí era.

Stellita, hermosa mamá, con admiración y gratitud.

Santiago, Verónica, Luz Ángela y
   Adriana, hermanos grandes.

Mis geniales estudiantes en empresas y
   universidades, con especial efecto-afecto.

Mis queridos lectores, con entrega total.

CONTENIDO

PRÓLOGO

Energía y poder de comunicación

CONOCÍ A SONIA GONZÁLEZ-BOYSEN EN MAYO DE 2018, CUANDO yo acababa de regresar de Washington, de un viaje de negocios muy largo y agotador, pero a pesar de eso era de suprema importancia para mí participar en el *Workshop* que ella había preparado para toda mi gente en Guatemala. Así que luego de aterrizar en el aeropuerto nos movimos al hotel donde ella había iniciado la charla.

Fue instantánea la empatía que sentí hacia ella y sus enseñanzas, las que resultaron experiencias prácticas para transformar mis acciones y formas de pensar. Su energía y franqueza se reflejan en su forma directa de comunicarse.

En este libro, *Asertivos*, la autora nos inspira para saber cómo debemos enfrentarnos positivamente a la era posmoderna digital que nos hiperconecta pero a la vez nos esconde detrás de una pantalla. Por tal razón es sumamente importante mantener una comunicación cara a cara, transparente, clara, atenta y sin ofensas.

En la actualidad se vuelve relevante aprender a desarrollar competencias que mejoren nuestras relaciones, ya que son parte de nuestro diario vivir, pero estas deben ser saludables, con sentido y productivas.

Resulta evidente la energía y el poder de comunicación, practicidad y orientación a los resultados que plasma la autora, Sonia González-Boysen, en este libro. La forma de entrelazar los conceptos con ejemplos prácticos permite que te quieras devorar cada capítulo y estés ansioso por aplicar estos principios en tu vida cotidiana, familiar o profesional. Es realmente toda una herramienta que va a transformar la vida de cada lector.

Steffan Lehnhoff
Chief Executive Officer (CEO)
Corporación Energías de Guatemala
(CEG).

INTRODUCCIÓN

Asertivos se escribe con SER

LOS SERES HUMANOS HEMOS LOGRADO INNOVAR DE MANERA sorprendente en el ámbito tecnológico y científico, pero nos cuesta trabajo ser asertivos para mantener una conversación fluida, libre, serena, equilibrada, clara, espontánea y armoniosa, capaz de generar una influencia relevante y contundente.

Miles de altos ejecutivos se debaten día a día en la difícil paradoja entre ser reconocidos por su conocimiento acerca de un tema, muy preparados en algún campo del conocimiento, excelentes profesionales, pero con serios problemas de inteligencia emocional para interrelacionarse con su equipo de trabajo, su familia o su pareja.

Tus resultados se miden en la actualidad por medio de nuevos indicadores que ya no dependen solo de tu preparación intelectual o tu capacidad y experiencia laboral. Los factores que te califican ahora están acordes con las competencias para desarrollar relaciones interpersonales y comunicarte de manera asertiva con los clientes externos o internos, y en el ámbito personal.

Necesitamos con urgencia ser más asertivos como ejecutivos, empresarios, emprendedores, estudiantes de maestrías o doctorados, y también en nuestras áreas de influencia como esposos, padres, hijos, amigos...

Mucho más en el mundo en que vivimos hoy, cada vez más avasallador con la avalancha de la comunicación *online* y las redes sociales. Las tecnologías de información son una bendición solo si sabemos administrarlas con sabiduría y nos comunicamos bien a través de ellas. De lo contrario, se pueden convertir en un fatal bloqueador para las relaciones. Es urgente prepararnos para manejar los nuevos medios de comunicación interpersonal con asertividad. Los comentarios y publicaciones, a nivel mundial, en todos los idiomas, de las redes sociales demuestran día a día que si queremos un mundo con un clima comunicacional saludable, necesitamos ser menos reactivos y más asertivos.

Los profesionales se enfrentan también a la agobiante necesidad de ser persuasivos en un mundo de dura competencia empresarial, en el que deben estar listos para realizar presentaciones de alto impacto y conquistar su audiencia. A ellos les enseñamos, en los cursos *online* y en los programas de *mentoring* empresarial, a desarrollar una convicción: lo más importante son las personas. Es la valoración hacia ellas la que las lleva a desarrollar y regular bien sus competencias como seres asertivos. Lo demás son las técnicas de comunicación efectiva que aprenden con la práctica y los ejercicios.

«Ser o no ser, esa es la cuestión», dice la célebre frase de William Shakespeare en su obra *Hamlet*.[1] Un profesional no es «exitoso» si no sabe «ser» asertivo en la casa, con su núcleo familiar como la primera empresa que debe atender y para la cual requiere habilidades comunicativas que también necesita desarrollar. No nacemos asertivos. La asertividad es una competencia, y como tal, se aprende y se desarrolla.

Los colegios y universidades enseñan ciencias muy importantes, pero no incluyen en el programa académico una materia esencial: comunicación asertiva, que debería aprenderse desde temprana edad. Incluso en las facultades de Comunicación de prestigiosas y excelentes universidades, los profesionales salen preparados acerca de muchos campos del saber, pero muy poco, o casi nada, acerca de esa materia tan definitiva para su carrera como es la de ser asertivos para responder con balance emocional frente a cualquier escenario.

En el proceso de investigación para escribir estas páginas, me llamó la atención que el concepto de asertividad lleva en el centro la palabra SER. Es decir que, a partir de este libro, el noveno sobre comunicación, destacaré que asertivos se escribe con SER. Así vamos a enfatizar siempre la importancia del SER dentro de las competencias comunicativas, por medio de la lingüística de la palabra *asertivos*, que también te incluye a ti, a vos.

Recuerda siempre que, más que comunicarte de manera efectiva y con alto impacto, lo cual es muy importante, necesitas concientizar la necesidad de ser asertivo, tanto al hablar en público, como en relaciones personales y profesionales. Es urgente aprender a desarrollar tus relaciones a través de conversaciones más relevantes, saludables y productivas, con dominio propio. Aprender a ser disruptivo en el mundo hiperconectado de hoy.

Fuimos creados como seres comunicativos. Sin embargo, por lo general es allí, en los procesos de comunicación, en las conversaciones, en las conexiones *online* y presenciales, donde nacen y se reproducen la mayoría de los conflictos interpersonales. Todo por falta de conocimiento acerca de los conceptos básicos de la comunicación asertiva.

A lo largo de las páginas de este libro, que te acompañarán en la jornada de transformación y desarrollo personal de tus hábitos de comunicación, encontrarás algunos de los principios y valores descritos en la Biblia acerca de las relaciones interpersonales.

Con estas páginas espero brindarle a cada lector una jornada amena, sazonada con sal, e iluminada con la lámpara de la Palabra de Dios. Porque el texto bíblico es la perfecta base para conseguir el más alto nivel de sabiduría, con impecable asertividad.

Tal como me lo dijo uno de los más admirados presidentes de Colombia, Carlos Lleras Restrepo, en una entrevista que le hice para la *Revista Diners* poco antes de morir, mientras miraba su inmensa biblioteca con obras de lujo de la literatura, el derecho, la ciencia, el arte y la historia universal: «La Biblia es, sin duda, el libro de los libros, por excelencia».

También lo aseveró el decimosexto presidente de Estados Unidos, Abraham Lincoln, quien abolió la esclavitud, fue un extraordinario orador y es considerado uno de los más sabios gobernantes de la historia. Él dijo que todo lo que resulta provechoso al hombre está en la Biblia. Y si hay algo provechoso que nos puede suceder es el hecho de ser asertivos.

Si lo analizas un poco, verás que cada uno de los problemas que se te presentan en la vida se relacionan, de una u otra forma, con tu comunicación. Sin duda, la funcionalidad o disfuncionalidad de las relaciones interpersonales se basa en la manera en que nos comunicamos los seres humanos. Las relaciones de pareja se construyen o se desbaratan según la capacidad de comunicarse. Los conflictos de la política pública entre países se derivan de la comunicación de los líderes de gobierno, etc.

El éxito o fracaso en el trabajo depende de la forma en que te comunicas con tu equipo, con tus pares, con tus jefes y tus subalternos, en trescientos sesenta grados. La educación de los hijos se relaciona en forma directa con la manera en que nos comunicamos con ellos. La comunicación está presente, desde el amanecer hasta el anochecer, en todos los eventos de tu vida. Incluso en medio de los sueños te comunicas. La vida misma es comunicación.

Mi preocupación como autora y mentora de comunicación es ver cómo, a pesar de ser la asertividad una necesidad tan evidente, aún no la hemos interiorizado lo suficiente. No la hemos abordado por completo, ni con la urgencia que se merece. Es justo por esa falta de concientización y profundización en un tema tan importante, que la comunicación interpersonal suele ser difícil, confusa, complicada, tóxica y poco relevante.

En los programas de *mentoring* empresarial y las clases de maestría que realizo desde hace dieciocho años, en más de cincuenta empresas y quince países, los profesionales llegan a su «clic interior» cuando logran transformar su manera de comunicarse en la vida laboral y personal, a partir del desarrollo humano de claves y herramientas para una comunicación asertiva. Pasan de ser «importantes» y «exitosos», a convertirse en seres mucho más integrales, «fuera de la caja», dispuestos a valorar a las personas a su alrededor, y por ende, estar más realizados y felices.

A través de este libro vas a encontrar el balance entre el éxito profesional y personal, con una salud comunicativa que permee y trascienda a todos los seres que te rodean. Así podrás lograr una coordinación inequívoca entre lo que piensas, dices, sientes y haces, como un todo integral y no fragmentado.

Aquí recibirás un *mentoring* completo con las 21 claves de comprobada aplicación para lograr no solo concientizar la importancia de mantener una comunicación saludable en tu vida, sino también identificar cuáles son los malos hábitos comunicativos más comunes en tus relaciones interpersonales. Aprenderás a aplicar las claves para saber cómo tratar con esos vicios comunicativos, convertirlos en oportunidades de mejora y cimentar así la plataforma para tu máximo potencial de desarrollo personal.

Vas a leer acerca de los problemas más comunes y a la vez complejos que afectan todas tus relaciones interpersonales: negativismo, miedos paralizantes, quejas, preocupaciones, envida, rencor, falta de perdón, gente tóxica, personas difíciles, procrastinación, peleas, rabia descontrolada, pesimismo, falta de confianza, ausencia de fe, y muchos más, que pueden arruinar tu vida profesional y personal si no logras encontrar la forma inteligente de identificarlos, reconocerlos y vencerlos.

Te invito a vivir esta experiencia transformadora a través de una jornada de desarrollo personal que te dejará una caja de herramientas con 21 claves para ser asertivo y mejorar tus relaciones. Permíteme ayudarte en tu necesidad de encontrar una manera de relacionarte mucho más relevante.

Cada una de las 21 claves que encontrarás aquí va acompañada de ejercicios y dinámicas de aplicación práctica, para acompañarte en este proceso de *mentoring* en comunicación interpersonal asertiva.

Al iniciar este plan de desarrollo de competencias comunicativas has tomado una de las decisiones más inteligentes y definitivas para el mejoramiento continuo de tu vida.

Aquí aprenderás cómo tratar con esos síndromes que afectan todas tus relaciones interpersonales y, por supuesto, tus resultados profesionales y de negocios. Esta es una jornada de cambio que te dejará las principales claves de la inteligencia comunicacional, seleccionadas durante dieciocho años de permanente diagnóstico e investigación.

Todo basado en un firme fundamento de principios y valores: respeto, tolerancia, confianza, responsabilidad, sentido de pertenencia, integridad, honestidad, transparencia, calidez, verdad, alegría, paz, paciencia, bondad, humildad, serenidad, fe, fidelidad y, por supuesto, el eje por excelencia de todas las relaciones saludables con una genuina comunicación asertiva: el amor. Porque asertivos se escribe con SER.

Sonia González-Boysen

PRIMERA PARTE

Conversa para afirmar, no solo para informar

Ser asertivos es saber afirmar. Es transmitir tus ideas, sentimientos y emociones con seguridad y balance, sin ser agresivo ni pasivo. Es una virtud del ser y una competencia comunicativa que necesitas aprender a desarrollar, para ser relevante en el mundo de hoy, acelerado, innovador, cambiante e hiperconectado.

Ser asertivo implica una forma de comunicarte con confianza sobre lo que opinas o sientes, por medio del balance justo para no ofender o amenazar, ni tampoco ser ignorado o subvalorado. Asertividad es conversar con aseveraciones que generan valor y pueden llegar a producir momentos de verdad disruptivos.

Necesitamos aplicar la asertividad a las relaciones interpersonales digitales porque cualquiera que sea el medio o canal por donde nos comuniquemos, el género o el escenario, puede ser *online* o presencial, sea comunicación verbal o no verbal, la asertividad se notará en cada línea que escribimos, en un mensaje de texto digital o en uno impreso, en la página de un libro, en una reunión de sala de juntas, o en una conferencia para un gran público. En la comunicación formal o informal, siempre vamos a necesitar expresarnos con afirmaciones asertivas.

El ser asertivo o no se convierte en parte esencial de tu estilo personal al comunicarte, como uno de los factores clave de tu marca (*personal branding*) en cada escenario y en todas tus relaciones interpersonales.

Puede ser en el lugar más íntimo de la sala, a las luz de las velas, con tu pareja. En una conversación cariñosa, o de regaños, con tus hijos. Tal vez sea una sesión de bromas con tus mejores amigos.

Quizás la resolución de conflictos con el jefe o con un cliente importante pero difícil. En cualquier espacio, con todos los receptores, necesitas ser un emisor asertivo.

Ser asertivos no es un asunto generacional, que le corresponde solo a los «mayores». En todas las edades se requieren altas dosis de asertividad para responder de la manera justa a las personas. Debemos enseñar a los hijos pequeños, a los adolescentes y a los jóvenes a responder con afirmaciones, sin titubear. También con el suficiente balance, para no ser agresivos ni ofensivos. Tampoco tan pasivos, que hablen como si no les interesara nada, con la desidia negligente de las palabras arrastradas, sin ánimo propio ni energía, alejados de la pasión necesaria para motivar y convencer.

Si eres mayor, debes enfrentar el compromiso de comenzar a desaprender los vicios arcaicos de la falta de asertividad, y desarrollar día a día la transformación de tu comunicación interpersonal, para no dar «cantaleta» como padre a tus hijos, ni como líder, a tu equipo de trabajo en la empresa.

Aprender a escuchar, a no exasperarte, a no manotear para exigir respeto, a no querer controlar con la mirada intimidante. O, en el otro extremo, a no ser tan permisivo o aburrido, con el consabido dicho de «deje así». A no permitir que nos «atropelle» la tecnología, sino abrirnos a la mente flexible y al pensamiento innovador, que mira los cambios y los avances como factores de éxito, no como enemigos, bajo el lema tan trillado de: «en mi época, todo era mejor y más fácil». Porque esta, permíteme decírtelo con suficiente fuerza: ¡esta es tu época!

La asertividad no depende tampoco del canal comunicativo que emplees. Puede ser hablada o escrita, *online* o presencial. Un blog, un *podcast*, cualquiera de las redes sociales, un correo de la oficina o una carta impresa. Los géneros y las aplicaciones cambian, se desarrollan, evolucionan y hasta pasan de moda cada vez más rápido, para sustituirse por otros más novedosos. Pero la asertividad nunca dejará de ser un requisito para expresarte de manera adecuada y eficaz. Antes bien, será una virtud cada vez más exigida para desarrollar relaciones personales o comerciales en un mundo acelerado y cambiante.

Lo que hoy funciona como medio de comunicación superinnovador, mañana estará obsoleto. Pero los principios de la asertividad son los mismos siempre, y permanecen en su esencia. Se adaptan, se desarrollan, pero son incambiables, insustituibles e inamovibles. Como el balance, la afirmación, amabilidad, autoridad, concreción, transparencia, pasión, relevancia, disrupción o generación de valor. Como todos los valores, la asertividad no es relativa ni negociable. En cuanto al ser, se es o no se es asertivo. No hay vuelta de hoja.

Ser asertivos hoy también va más allá de las habilidades naturales o aprendidas. Al contrario de lo que muchos afirman, no se trata solo de desarrollar técnicas para realizar presentaciones efectivas o saber hablar en público. Eso es muy importante en la actualidad y me encanta empoderar en esta materia básica. Pero si no se es asertivo, se corre el riesgo de enfocarse solo en las técnicas y no profundizar en comunicarse desde el ser interior, con suficiente confianza, seguridad y coraje.

La asertividad es una virtud de tu ser comunicativo, que empleas incluso en las conversaciones interpersonales en el pasillo de la empresa o en una entrevista de trabajo. Son los candidatos asertivos los que ganan el puesto, entre muchos otros. Porque se destacan por su capacidad de responder con dominio del lenguaje, de las emociones y de las situaciones, y se convierten en ganadores en ascenso permanente.

Las relaciones interpersonales *online*, aunque no son presenciales, son utilizadas cada día más en nuestro mundo contemporáneo, en todos los idiomas y lenguas. Relaciones de pareja, entre padres e hijos, comerciales, e incluso las elecciones para candidatos presidenciales, todo se define ahora por el nivel de seguidores con que cuentas en las redes sociales.

El marketing de hoy le invierte millones de millones de dólares a la estrategia de imagen y publicidad digital. Las personas con capacidad para influir ahora son escuchadas por millones de seguidores a través de las aplicaciones (Apps). Por lo tanto, ante esa realidad de la comunicación, necesitamos crecer también y actualizarnos en la manera de relacionarnos cuando estamos conectados a través de internet.

Vemos cada día en las redes sociales cómo la gente necesita con urgencia aprender a comunicarse de manera más asertiva. Ser asertivos en un mundo hiperconectado es un tema que trataremos más adelante en las páginas de este libro, y en muchos escenarios a donde espero llegar para generar conciencia sobre este tema tan definitivo hoy.

La persona asertiva habla con afirmación sobre un asunto, sin ubicarse en los extremos, para su propia conveniencia, sino que busca el interés de todas las partes, de manera altruista, pacífica, determinada y sabia. Utiliza formas inteligentes de resolver conflictos, como la de enfocarse en el problema, no en la persona.

La comunicación poco asertiva es el detonante para el deterioro de nuestras relaciones interpersonales. Existen factores determinantes para el logro de la asertividad. Conocerlos y practicarlos día a día llegará a transformar los pésimos hábitos comunicativos en saludables y productivos.

Existen tres tipos básicos de estilos comunicativos: en los extremos se encuentran el agresivo y el pasivo, en el centro del equilibrio se perfila el asertivo.

El pasivo: evita mostrar sus sentimientos, pensamientos y emociones, por miedo al rechazo, la incomprensión, o a ofender a otros. Subvalora sus propias ideas, opiniones y necesidades, mientras le otorga valor superior a las de los demás.

El agresivo: se encuentra en el extremo opuesto al del pasivo. Desde su ángulo obstinado, sobrevalora sus ideas, necesidades, criterios, sentimientos y opiniones, mientras descarta y desprecia los de los otros. Cuando habla, piensa que todo debe ser como, cuando y donde él dice. Y punto.

El asertivo: sus conversaciones son abiertas y flexibles a las opiniones y posturas. Valora y aprecia los pensamientos, sentimientos y emociones de los otros, y les da el mismo nivel de valoración que a los suyos. Sus apreciaciones se mantienen en el balance entre valores como el respeto por el otro y su propia dignidad. Acepta las diferencias y evita la oposición hostil, al mismo tiempo que expone sus conceptos en forma directa y transparente.

Pueden existir subdivisiones, como la del pasivo-agresivo: aquel que no agrede con peleas directas, pero adopta una posición de agresión con indiferencia, terquedad silenciosa, olvidos y excusas simuladas. No le interesa hacer valer sus principios, pero tampoco quiere darle valor a los de los demás, e inventa la forma de despreciar en forma pasiva, sin causar conflictos.

Los siete factores determinantes para lograr tu asertividad son:

1. Autovalidarte:

Validarte a ti mismo, creer en quien y como eres tú es definitivo para la comunicación asertiva. Porque cuando te valoras y te aceptas como una maravillosa creación, entonces eres capaz de estar convencido de lo que dices. Si no estás seguro de quien eres, no lograrás ser asertivo en lo que dices.

Para convencer hay que estar verdaderamente convencido. Y de lo primero que debes estar convencido es de tu propio valor y del valor de tu tema.

Para lograrlo, debes evitar a toda costa enfocarte tanto en tus debilidades o defectos, y comenzar a impulsarte desde tus fortalezas y virtudes. Sin pensar en todo lo malo que piensan de ti cuando hablas, sino en todo lo bueno que tienes para dar y ayudar a otros con tus palabras y opiniones. De esa forma enfocarás bien tu mejor *pic*: pasión, innovación y coraje.[1]

El lenguaje poco asertivo de muchos en las redes sociales ha llevado a destruir la autoestima de las personas que son víctimas de su forma de comunicarse, nada asertiva y muy intimidante. El reto que se nos plantea hoy a los mentores de la comunicación y la innovación es cómo afrontar la transformación del lenguaje ante el ímpetu avasallador de la comunicación digital, que es una realidad formidable e imparable, pero que no podemos permitir que se vuelva inmanejable.

Funciona perfecto la autovaloración para la aplicación justa de la máxima: «Ama a tu prójimo como a ti mismo», planteada por Jesucristo. Porque de la manera como te ames a ti mismo, en esa misma proporción amarás al otro. Además, si no te amas a ti, pues no podrás amar bien, ni lo suficiente, a nadie.[2]

La asertividad se relaciona en forma directa con la autoestima, y como competencia del ser puede desrrollarse, hasta obtener una forma de expresión clara, consistente, directa y balanceada para expresar lo que sentimos. Ser capaces de exponer nuestros principios y valores con plena certeza y convicción en lo que creemos y en lo que somos en la esencia. Siempre desde la firmeza que da la autoconfianza, por medio del dominio propio y la autorregulación de las emociones.

A través del desarrollo de la asertividad, eliminamos las limitaciones de una comunicación afectada por la ansiedad, la culpa o la furia, porque favorece la autoconfianza para expresarnos, al tiempo que empodera nuestra autoimagen, impulsa la efectividad personal y produce seguridad en las emociones. También aporta a la consecusión de valores como el respeto por los otros y el desarrollo de habilidades de negociación.

2. **Eliminar la culpa al decir NO:**

Es necesario manifestar una negativa de la manera adecuada y no sentirte culpable por decirla. Lo importante es cómo la digas. Saber decir NO es todo un arte. Puedes explicar las causas o consecuencias y mostrar tu desacuerdo y tu postura sin perder la compostura.

Decir no también es parte de la «decencia». Es un falso paradigma, que nos amarra y nos produce frustración interior, creer que negarse es «mala educación», y que debes decir a todo que sí para ser agradable y «decente». Creo que la fórmula perfecta para lograr una negación inteligente, sin dejarse manipular y sin ser ofensivos, es aprender a negarse con firmeza y gentileza a la vez: «Te lo agradezco, pero no».

El conflicto empieza cuando esperamos estar al borde del colapso de la irritación y la desesperación para decir no. Porque es entonces cuando ya no contaremos con el suficiente equilibro saludable para negarnos sin estar fuera de control.

Aún peor, cuando apelamos a la opción más dañina, que es la de tratar de mantener la tensa calma, y simular el sí, cuando en realidad por dentro queremos decir... «¡que NO!», optamos por la opción de guardarnos el perjudicial malestar que produce ocultar en nuestro interior un no reprimido. Eso no es sano para nuestra salud física, emocional y espiritual. Evitarlo termina por convertirse en un atentado contra la propia dignidad como personas, que no es conveniente.

Además, porque ese malestar interior no se produce solo en el momento en que queremos decir no, sino que continúa con nosotros, con los pensamientos de autocastigo que nos dicen: «¡¿Por qué no dije mejor que NO?!» o «Si hubiera dicho NO, todo sería distinto». Por eso, saber decir que no es el principio para comenzar a poner límites.

Para realizar negaciones como seres asertivos, debemos primero concientizar que el no también es parte importante de las relaciones saludables y amigables, y que nos ayudará a:

- Exponer y defender nuestras opiniones en forma más precisa.
- Alcanzar los beneficios del desacuerdo constructivo.
- Valorar la autoafirmarción que nos da el no como respuesta sana.
- Entender que el no también es una forma de edificar la relación.

- Reconocer que debemos aprender a decir no como generación de valor, no como oposición abierta.
- Desarrollar el ejercicio de decir no y poner límites con suficiente amabilidad, humildad y sentido de apreciación del otro.
- Autodelimitarnos para decir que no solo de la manera apropiada, con la correcta motivación y en el momento más oportuno.

El proceso para saber cómo decir no es:

- Afianzar el respeto como un valor mutuo.
- Preferir la vía del diálogo a la de la imposición o el rompimiento abrupto.
- Apelar al recurso del no para lograr acuerdos amigables, antes que desacuerdos hostiles.
- Interiorizar que el sano principio de saber decir que no te libera para decir sí, cuando de verdad es sí.

3. **Saber decir lo que piensas de manera clara, sin ofender:**
   Significa expresar tus ideas, conceptos, emociones y senti-mientos, con contundencia y amabilidad a la vez, en el momen-to oportuno, sin esperar a que estés tan furioso o desesperado que los digas fuera de casillas. Con el equilibrio suficiente para decirlo de tal manera que no seas ofensivo. Debes ser amable, sin mostrarte vulnerable.

   En el extremo está la falsa creencia de que «no tener pelos en la lengua» es contar con el derecho de decir lo primero que se te ocurra, de manera obstinada, aunque puedas agredir a otros. Eso no es ser «claro» ni «sincero». Eso es ser grosero.

   Es evidente que la asertividad y la autoestima van de la mano. Si nos amamos y respetamos a nosotros mismos, sere-mos capaces de amar y respetar al prójimo, el otro, el vecino. Para ello es necesario lograr el desarrollo consistente de una firme autovaloración, que nos afirme con la capacidad de hacer respetar nuestros derechos, sin necesidad de faltar al respeto de los derechos del otro, ni ofenderlo o agredirlo.

4. **Manejar la ansiedad:**

No se puede ser asertivo y ansioso a la vez. Ser asertivo implica desarrollar el equilibrio y la calma para la regulación del miedo, el nerviosismo y la preocupación, que convierten cualquier conversación, presentación o mensaje de texto en una presión intensa, excesiva, persistente e insistente.

La ansiedad es normal de vez en cuando. Pero las personas que se muestran siempre demasiado ansiosas en su estilo de comunicación son poco asertivas, hablan con temor, no solo en la forma de su expresión verbal y no verbal, sino en el fondo de sus mensajes y opiniones, que muestran temblor por todas las situaciones de la vida diaria.

La persona asertiva se enfoca en la búsqueda de soluciones y oportunidades. La no asertiva transmite angustia por las calamidades y posibles problemas que se puedan presentar, aun cuando estos se encuentren lejos de las posibilidades reales de suceder.

Cuando experimentan la ansiedad normal del miedo, los asertivos la autorregulan desde su perfil equilibrado natural. Mucho más si cultivan el fruto del dominio propio en su interior, porque no se muestran afanosos por nada, sino que transmiten una paz que sobrepasa el entendimiento, desde su corazón y sus pensamientos.

La regulación de la ansiedad permite la asertividad para hablar y sostener una conversación relevante, sin caer en el nerviosismo ni el pánico desbordado. Los poco asertivos, o no asertivos, generan una comunicación ansiosa, que contagia de ansiedad a las personas a su arededor.

La ansiedad es un estado mental que genera gran inquietud e inseguridad. Puede ser adaptativa o patológica. Aquí nos referimos a la primera, considerada un mecanismo de adaptación natural que le permite a la persona mantenerse alerta ante los sucesos generadores de estrés. Porque el miedo y la ansiedad que este produce son parte de la vida y hasta pueden ayudar a mantenerse alerta y cauteloso ante ciertas situaciones, lo cual también es parte de la asertividad.

El manejo adecuado y asertivo de la ansiedad te ayudará a no permitir un desgaste innecesario que bloquee todos tus mensajes, opiniones, presentaciones, conversaciones y relaciones.

5. **Desarrollar una comunicación no verbal asertiva:**

Una de las señales más evidentes de la asertividad es la expresión corporal. La comunicación no verbal asertiva muestra gestos, posturas, movimientos y ademanes con dominio sobre las situaciones, sin expresiones desmesuradas que produzcan inquietud, desconcierto, exasperación o enfado en el otro.

Este tema acerca de la comunicación no verbal y el lenguaje del cuerpo lo trataremos más en las próximas páginas de esta obra. Por ahora, comienzo por motivarte a que lo identifiques como uno de los factores determinantes para tu asertividad y que lo desarrolles como una competencia con habilidades corporales y expresivas que te permitan ser y parecer asertivo, no solo desde lo que dices, sino también desde tu forma de expresarte, aun sin palabras.

6. **Poner límites claros y a tiempo:**

Una de las acciones que indican de manera más evidente la capacidad de comunicarnos bien es saber delimitar la zona de asertividad de nuestras relaciones.

Esta conciencia de los límites entre la amabilidad que dice con empatía: sí, y la dignidad que sabe decir: no, con humildad y coraje a la vez, muestra a una persona estructurada, con sentido de identidad, que no permite ser manipulada ni abusada. Pero tampoco necesita ofender o humillar al otro para conseguir ser respetada.

Es saber ser determinada, y no pasiva o resignada, para ubicar los límites justo en el lugar donde comienzan a vulnerar sus derechos. No admite negociar con sus valores porque sabe que esto le genera una sensación de descontrol, que le puede llevar a buscar el control excesivo de algunos otros factores.

Saber poner límites a aquellos asuntos que le hacen daño o le perjudican. A los excesos; al uso y abuso de los alimentos, del alcohol, del azúcar, de la sal... Saber cerrar la puerta para que nadie entre cuando necesita su privacidad. Administrar bien el manejo del tiempo y de la agenda. Priorizar el ejercicio físico antes que la vida sedentaria. Desarrollar la autonomía financiera para no ser una carga de nadie.

Los límites le sirven para no generar dependencia emocional de los seres que ama: la pareja, los hijos, los nietos, los amigos... y hasta la mascota. O de ese objeto que le apasiona demasiado, que puede ser cualquier cosa, incluso su celular y las redes sociales.

Saber cumplir con los principios fundamentales de perdonar hasta setenta veces siete, amar a los enemigos, poner la otra mejilla, ir una milla más, bendecir a los que le maldicen... Hasta llegar al momento oportuno para trazar una línea y decir: «¡Hasta aquí!», con suficiente gentileza y firmeza a la vez. Saber decir «¡no más!» de la manera adecuada, antes de continuar para siempre sujeto a la esclavitud emocional, espiritual y física. Entender que no fuimos creados para vivir en servidumbre, sino en perfecta paz.

Este tema de saber poner los límites es de suma importancia para la profundización de la asertividad. Por eso lo continuaremos más adelante, como parte de las 21 claves para las relaciones interpersonales saludables.

7. **Respetar los límites de los demás:**

Sin ofender ni avasallar. No ser agresivos. No pretender que hagan las cosas como tú digas, cuando tú digas, donde tú digas y porque tú lo digas, en aras de los «resultados». Eso es obstinación, y no se puede ser asertivo si se es obstinado, terco, cerrado, inflexible y rígido. La asertividad es pariente cercana de la flexibilidad productiva. Para ser asertivos hay que salirse de la caja que produce rigidez y entrar en la agradable dimensión de la calidez.

Algunas reglas básicas sobre cómo respetar a los demás:

- Autorespeto: respetarnos a nosotros mismos primero.
- Trato justo: tratar a los otros como nos gustaría ser tratados.
- Empatía: identificarnos con el otro para ubicarnos en su lugar.
- Reconocimiento: desarrollar la habilidad de ser conscientes del valor de las personas a nuestro alrededor.

El respeto es el valor que funciona como requisito imprescindible para lograr relaciones interpersonales asertivas. Muestra consideración hacia los otros, y siempre busca no traspasar sus límites. Permite entender sus derechos, sobre la base del principio de que todos contamos con necesidades básicas, tanto espirituales, como emocionales y físicas.

Aplica los beneficios de la asertividad en tu comunicación interpersonal

La investigación y los diagnósticos en programas de *mentoring* nos han llevado a una conclusión: estos son los cinco componentes que definen el lenguaje de la asertividad en la comunicación interpersonal.

Afirmación + Balance + Confianza + Disrupción = Relevancia (R)

INDICADORES
DE UNA PERSONA ASERTIVA

LIBERTAD DE EXPRESIÓN
Es libre de expresar sus sentimientos, pensamientos y deseos.

HABILIDAD RELACIONAL
Sabe iniciar y mantener relaciones cómodas con otras personas.

VALORACIÓN DE SUS DERECHOS
Conoce sus derechos y los sabe transmitir con serenidad, sin imposiciones.

REGULACIÓN DE SUS EMOCIONES
Sabe regular su ira y no la reprime, sino que habla de ella con racionalidad.

COMPROMISO CON OTROS
Está dispuesta a comprometerse con los demás, y no desea siempre hacerlo todo a su manera.

AUTO VALORACIÓN
Tiende a mantener una buena autoestima y un buen concepto de si misma.

SUS NECESIDADES CUENTAN
Prefiere entrar en relaciones donde sus necesidades son apreciadas y tenidas en cuenta.

Analízalos, apréndelos y recuérdalos siempre para que te acompañen en la tarea de desarrollar tus habilidades de comunicación asertiva.

1. Afirmación:

Hablar con afirmaciones es decir algo con la rotunda seguridad de que es cierto. Es asentir sin vacilaciones y declarar con firmeza la validez de algo.

Las afirmaciones cuentan con tanto poder lingüístico, que se puede llegar a afirmar a una persona, o incluso a sí mismo, con palabras y declaraciones que la llevarán a afianzar sus creencias o su postura con respecto a algo.

Si queremos ser asertivos, necesitamos aprender a hablar con afirmaciones, capaces de llevar a un nuevo nivel a las personas en nuestra zona de influencia.

Las afirmaciones expresan asentimientos categóricos sobre la realidad y dejan constancia de nuestro compromiso en relación con lo que decimos. Para ello utilizamos la lingüística con enunciados y evidencias que declaran la firme validez de esa verdad, y no dejan lugar a dudas.

No se debe confundir el lenguaje de las afirmaciones con el hecho de ser afirmativo o negativo. Son dos asuntos distintos. Porque afirmar no es solo decir que sí, o estar de acuerdo porque sí. Afirmar, desde el punto de vista de la asertividad, la lingüística y la comunicación ontológica, es hacer declaraciones directas, con juicios categóricos acerca de la realidad, para considerarla definitiva. Las conversaciones asertivas se basan en afirmaciones.

2. Balance:

El hecho de hablar con afirmaciones contundentes debe contar con un balance en el tono y en el acento, que no nos lleve a ser ni agresivos, ni pasivos. Asertividad es la habilidad de desarrollar conversaciones o realizar declaraciones con la suficiente equidad entre la firmeza y la cordialidad.

Ser asertivo es desarrollar la habilidad de saber decir las cosas, en el momento adecuado, con las palabras precisas, incluso cuando no se está de acuerdo. Es comunicar los des-acuerdos de tal forma que permita continuar la conversación y la relación, sin oposición forzada ni hostilidades.

Es saber decir no, sin salirse de casillas, y diferenciarse de la mayoría de las personas que, al tratar de responder con una negación, solo lo logran cuando ya se encuentran en el colmo del enfado y han perdido de vista su lugar apropiado para res-ponder con cordura. Es saber decir no con suficiente firmeza y amabilidad, con equilibrio y balance.

Es también saber decir sí, sin ir en contra de la propia estabi-lidad, o peor, de la ética, los valores y los principios personales o corporativos.

Es ser concretos, con la capacidad de decir todo lo que se requiere, sin excederse, ni quedarse corto. Con un lengua-je fluido, que estructura las ideas y las conduce con la ilación suficiente para ser claro, conciso y preciso en sus firmes opi-niones y creencias. Las conversaciones asertivas son directas, pero amables; cálidas, pero firmes; producen asertividad con perfecto balance.

3. **Confianza:**

Generar un clima de confianza, que permita avanzar con facilidad en la conversación, conllevará a los mejores resulta-dos en la relación. Sin confiabilidad, no hay asertividad.

Ser asertivo implica también hablar con confianza y segu-ridad, como alguien que sabe a ciencia cierta para dónde va, con suficiente certeza y convicción de lo que dice, tanto en los conceptos que transmite y las afirmaciones que realiza, como en la seguridad de la postura y el lenguaje corporal o *body lan-guage*.

Esa seguridad que transmite desde su ser interior se con-vierte en la mejor plataforma para construir una relación de confianza, porque produce credibilidad. La confianza es el valor que más puede afianzar tus competencias en comunicación. Necesitas confianza en ti mismo para convencer, seguro de lo que dices, tanto en la emoción, como en la corporalidad y el lenguaje. Confía y marcarás la diferencia.

Al impartir, transmitir y proyectar confianza, se eleva el nivel de asertividad. Se logra que la gente crea en las afirmaciones, porque indica que la persona será capaz de conducir la conversación y la relación en la forma más apropiada, con integridad entre lo que piensa, dice, siente y hace.

Por supuesto, esa confianza no se basará solo en lo que dice, sino en las acciones con que lo sustenta. Más allá de las palabras, son las evidencias las que permiten generar esa confiabilidad.

La confianza no se refiere a la familiaridad y el trato informal «confianzudo». Se trata de mostrar el suficiente sentido de responsabilidad, pulcritud, excelencia, firmeza y solidez en el ser, para que las personas puedan creer en la relevancia de las palabras de esa persona en la cual confían.

En el caso de la confianza que se genera para un cliente, es sustentada no solo por la calidad de los productos, sino también del servicio, del clima en la organización y las buenas prácticas que realiza la entidad, que la convierten en única, con una asertividad confiable.

En cuanto a la confianza que proviene del Espíritu, es uno de los principios que puede mover tu vida y llevarte hasta el lugar que esperas, con felicidad y armonía. Te permitirá mirar hacia adelante, esforzarte y ser valiente, sin desmayar en el intento.

La confianza apoyada en Dios, no se basa en nuestra propia capacidad, sino en la fuerza de él. Incluso el desarrollo de la autoconfianza se fundamenta en lo que él es en nosotros y en quienes somos en él. En la seguridad que produce su fidelidad. En la suficiencia de su gracia, con la convicción de que su poder se perfecciona en nuestra debilidad.

Desde esa perspectiva bíblica, encontramos soporte en mensajes que nos ayudan a mantener la confianza, porque al final obtendremos un gran galardón. Invita a acercarnos con confianza al trono de la gracia para alcanzar ayuda en tiempos de necesidad. A esperar en él, porque él lo hará. A deleitarnos en él, y él concederá los deseos del corazón.

Porque los que confían en él tendrán nuevas fuerzas. Correrán y no se cansarán. Caminarán y no se fatigarán. Como las águilas levantarán sus alas para volar. Confían, y no son avergonzados jamás. Son inamovibles y permanecen firmes siempre.

Sin duda, desarrollar la confianza en Dios incrementa la autoconfianza que necesitamos para inspirar e influenciar a otros, y proyectar el más alto nivel de confianza y confiabilidad, soportado en él.

4. Disrupción:

Un mensaje disruptivo interrumpe en forma súbita algo usual y tradicional, a través de ideas con un alto componente de innovación, únicas, que conquistan a la audiencia y la llevan a transformar los modelos y paradigmas.

Desarrolla conversaciones asertivas, nada pasivas y muy proactivas, capaces de generar rupturas o interrupciones oportunas, con nuevas ideas fáciles, accesibles y asequibles, fuera de lo corriente. Conduce a la entrada de las nuevas soluciones y le da cabida a la creatividad productiva.

Crea nuevos modelos de conversaciones y negocios, en lugares inesperados, con innovación activa, sin temor a cometer errores o asumir riesgos, y los transmite con suficiente audacia para transformar a las personas y a las culturas.

La forma de hablar y de comunicarnos en los póximos tiempos necesita entrar en la disrupción si pretendemos ser persuasivos. Porque la innovación tecnológica cambiará, en las próximas décadas, no solo lo que hacemos, sino lo que somos.

Y, por supuesto, revolucionará cada vez más los medios para comunicarnos, que precisarán de una nueva forma de hablar, escribir y expresarnos.

Solo aquellos que sean suficientemente capaces de comunicar ideas innovadoras, con pensamiento disruptivo, contarán con la capacidad de aportar algo valioso en todas las esferas de influencia.

A nivel de las Tecnologías de Información (TI) una disrupción se presenta en el momento en que una nueva invención tecnológica le cambia el modelo tradicional a un sector comercial, de tal manera que impacta la vida de toda la gente a nivel local y global. Como las grandes marcas de IPhone, Netflix o Uber, que transformaron por completo la forma de comunicarse, ver cine y transportarse. Revolucionaron el mercado mundial y la forma de vida de las personas.

La lingüística es disruptiva cuando transmite ideas que cambian al mundo. Como en el caso de un líder como Jesucristo, el Hijo de Dios, quien interrumpió con su mensaje relevante la historia de la humanidad, hoy delimitada como antes de Cristo y después de Cristo (A.C. y D.C.). Sus ideas y propuestas trajeron un mensaje completamente disruptivo e innovador.

«Ni echa nadie vino nuevo en odres viejos. De hacerlo así, el vino nuevo hará reventar los odres, se derramará el vino y los odres se arruinarán. Más bien, el vino nuevo debe echarse en odres nuevos», afirmó Jesús.[3]

Cuando un maestro de la ley le preguntó sobre cómo conseguir la vida eterna, le contestó con asertividad disruptiva: «De veras te aseguro que quien no nazca de nuevo no puede ver el reino de Dios».[4]

Con su mensaje asertivo, innovador y disruptivo, Jesús transfomó a las personas de entonces, y continúa en la transformación de la gente de hoy y de todos los tiempos.

Lo preocupante es que muchos de los líderes religiosos de entonces, y de los de ahora también, en la mayoría de los casos, no aplican el mismo modelo innovador y disruptivo de comunicación asertiva, sino que se muestran rígidos, planos y con un lenguaje arcaico, que no le llega a las audiencias actuales. Si quieren conquistarlas, necesitan volver al modelo original de Jesús, alejado de los legalismos y el pensamiento rígido, y cercano a la gente para hablarles desde su propia necesidad, con mensajes cien por ciento asertivos.

La disrupción es una competencia definitiva en la comunicación de un líder de talla mundial, que quiera ser un conferencista (*speaker*) de alto impacto, capaz de ir más allá de informar, inspirar y motivar, para pronunciar conceptos con la capacidad de generar tal nivel de innovación que cambie la vida de una organización, de una sociedad y de las personas que la componen, con asertividad disruptiva.

Una organización se considera disruptiva cuando no le teme a la competencia y hasta la logra ignorar. Se enfoca en su propio crecimiento exponencial, con el propósito claro de trascender para dejar huella. Una de sus principales marcas es la responsabilidad social, que es parte de su forma de dejar un legado.

5. **Relevancia:**

La relevancia de una conversación se define por la capacidad de destacarse, sobresalir y no ser corriente. Una comunicación asertiva se convierte en relevante porque cuenta con un valor diferencial importante y significativo. Es capaz de levantar los niveles de eficacia y se vuelve trascendente, sin pasar desapercibido o inadvertido, sino que produce una marca y se convierte en una tendencia, que señala pautas y movimientos.

Las conversaciones deben ser relevantes para que sean más efectivas. Una conversación es relevante cuando es significativa, sobresaliente, destacada, emblemática y memorable. Solo así logra ser realmente productiva.

En el mundo digital y *online* en el que vivimos hoy, con la avalancha de historias, comentarios y la «infoxicación» permanente en las redes sociales, nos mantenemos expuestos al escrutinio público y a la imitación de la competencia. Por eso es cada vez más importante ser relevantes en todo lo que comunicamos.

Si se trata de medir el nivel de influencia de tu marca en las redes sociales, la detección de contenido elocuente evolucionará en significativos seguidores. Esto ayudará a facilitar la toma de decisiones acerca del posicionamiento de tu marca personal o corporativa. Las marcas necesitan conocer bien todo aquello que gira en torno a su nombre, para no perder de vista lo que de verdad importa.

Ante la epidemia viral de la «infoxicación», del actual mundo superinformado, donde nuestra información como empresas, nuestros contenidos y nuestra privacidad permanecen expuestos ante millones de personas a través de las redes sociales, el principio comunicativo de la relevancia se vuelve una necesidad apremiante.

Las reglas del juego de la comunicación relevante, ahora las imponen las conexiones de la tecnología. Si queremos ser relevantes y llegar a ser personas que influyen en la comunidad *online*, necesitamos familiarizarnos con el lenguaje que esta impone, que no es igual al de las relaciones presenciales.

La relevancia del ciberespacio exige:

- Disposición: ser persistentes, dispuestos a mantener la permanencia y la constancia.
- Popularidad: estar dispuestos a ser masivos, en medio de la popularidad.
- Inclusión: no buscar ser exclusivos, sino inclusivos.
- Actualización: mantenerse informados y actualizados de los perfiles de otros.
- Diferencial: realizar conversaciones con un lenguaje atractivo, diferente, auténtico, original, efectivo y persuasivo.

- Vivencia: ser experienciales y vivenciales, con conversaciones en vivo que nos muestren cercanos y amigables.
- Interacción: mantenerse en contacto con la gente, con preguntas interesantes.
- Versatilidad: desarrollar la habilidad de contar con presencia en todas las redes sociales. Eso puede escalar el nivel de relevancia.
- Influencia: establecer contacto con los influyentes. En especial los de su misma línea de acción.

Las promesas de venta cumplidas definen la relevancia

En cuanto al lenguaje de negocios en las organizaciones y el mundo del *marketing* digital, si los emprendedores y empresarios quieren ser relevantes, deben enfocar todos sus esfuerzos en la promesa de venta que ofrecen a su público objetivo. Sin dejarse llevar por la avalancha de posibilidades que otros brinden en el mercado, que puede llegar a desviarlos, cansarlos y generarles grandes pérdidas de dinero y oportunidades reales.

Es necesario mantener una directriz con enfoque único, que no debe moverse según los cambios de otros, o las buenas propuestas que seducen. La única verdadera fortaleza con la que contamos en el mundo digital y de las redes sociales (*social media*), o en cualquier otro escenario, es la de ser únicos y que nos reconozcan por nuestro factor diferencial.

A ningún cliente le interesa una empresa o producto que sea una imitación de otros. Porque las imitaciones siempre terminarán por ser falsas copias, sin valor. Solo las marcas que se inspiran de verdad mantienen un enfoque en su promesa de venta y, además, la cumplen; son consideradas exitosas por su capacidad de ser empresas innovadoras.

La mejor manera de ser relevantes es con el cumplimiento de lo prometido. Si la promesa de venta de nuestra empresa es la felicidad, todos los mensajes deben ir centrados y enfocados en el tema. Como en el caso de marcas como Coca-Cola, que habla de «destapar la felicidad», y muestra en todas sus campaña publicitarias la felicidad como centro de cada una de sus historias.

Cuando logramos ser empresas con un mensaje relevante, el retorno a la inversión de cada campaña que realicemos, y la rentabilidad de la misma, estarán mucho más cercanas y seguras.

El nivel de relevancia de los mensajes que comunicamos determina el cumplimiento de las metas comerciales, los objetivos trazados y la posibilidad de sobrepasar las expectativas, hasta sorprendernos con la grata noticia de haber ganado mucho más dinero del esperado.

Si somos asertivos, seguro conseguiremos ser mucho más relevantes. Si logramos ser relevantes, sin duda seremos entonces mucho más asertivos.

Descubre cómo el dominio propio produce asertividad

En el principio, Dios creó al hombre y a la mujer, a su imagen y semejanza, y los habilitó como individuos extraordinarios, con dominio sobre todos los seres vivientes.[5]

Fuimos creados como seres comunicativos, conformados por espíritu, alma y cuerpo. En el alma funcionan las emociones, la mente y la voluntad. Es allí donde se desarrollan la inteligencia emocional, el coeficiente intelectual y la facultad de tomar decisiones. En el espíritu, el ser interior, se cultiva el fruto del Espíritu y la conexión con Dios.[6]

Existe una gran diferencia entre vivir en la naturaleza del alma, con emociones de ira y sentimientos como el odio, la envidia y los celos que conducen a pleitos y rivalidades, con la voluntad dirigida

SUMA Y RESULTADO

DE LOS 5 COMPONENTES DE LA ASERTIVIDAD

AFIRMACIÓN

+ **B**ALANCE

+ **C**ONFIANZA

+ **D**ISRUPCIÓN

= **R**ELEVANCIA

por los propios pensamientos e intenciones del corazón, y vivir en el espíritu, con un vida transformada, que ha renunciado a su propia naturaleza, pasiones y deseos, para nacer de nuevo y producir el fruto del Espíritu: amor, alegría, paz, paciencia, amabilidad, bondad, fidelidad, humildad y dominio propio.[7]

La sabiduría del espíritu desarrolla el dominio propio sobre los impulsos naturales del alma y del cuerpo. Porque proviene del Espíritu, no depende del autocontrol o la fuerza de voluntad personal, ni de la inteligencia emocional, sino de decidir una sujeción a la voluntad de Dios, que genera la transformación hacia una vida nueva.

Esta sabiduría le añade a la fe, virtud, entendimiento, dominio propio, afecto fraternal y amor.[8] Entendido el dominio propio como uno de los indicadores que más evidencia la sabiduría espiritual, porque elimina la ansiedad y muestra la profunda paz en el espíritu. La paz que sobrepasa toda capacidad de entendimiento humano.

Esa paz perfecta influye en el corazón, en los pensamientos, y como consecuencia, en la forma de comunicarnos de manera asertiva. Porque desarrolla el equilibrio personal y, además, es un restaurador de la autoestima bloqueada, capaz de producir seguridad y confianza.

Diversas corrientes y religiones antiguas del mundo se han popularizado con creciente interés por sus métodos de contemplación, enfocados en el autocontrol de la mente. Gran cantidad de personas realizan ahora estas prácticas, como parte de su sed espiritual y su insesante búsqueda de formas para calmar el estrés y la ansiedad. Se enfocan en los principios de la meditación, enseñados por creencias y filosofías que profesan valores universales como el amor, la humildad, la gratitud, la higiene mental, el equilibrio, la calma, la armonía, la autoestima, la alegría, la paz interior, y sobre todo, la felicidad.

El dominio que se adquiere de estas prácticas es producto del ejercicio de la mente natural. El dominio propio como fruto del Espíritu es resultado de una nueva vida, transformada en Dios. «El que beba del agua que yo le daré no volverá a tener sed jamás, sino que dentro de él esa agua se convertirá en un manantial del que brotará vida eterna», afirmó Jesús.[9]

«¡Si alguno tiene sed, que venga a mí y beba! De aquel que cree en mí, como dice la Escritura, brotarán ríos de agua viva». Con esto se refería Jesús al Espíritu que habrían de recibir más tarde los que creyeran en él.[10]

Cuando se desarrolla el fruto del dominio propio del Espíritu, y además la inteligencia emocional del alma, hablamos de seres integrales, con posibilidades muy altas de ser asertivos en la forma de comunicarse y mantener relaciones interpersonales saludables.

Existen muchos casos de gente con alta actividad religiosa, pero con un coeficiente emocional bajo y poco desarrollo del fruto del Espíritu en su día a día personal. Ellos precisan reconocer la necesidad de ser asertivos y cultivar el dominio propio como fruto del Espíritu. Porque, como también afirmó Jesús: «por sus frutos los conocerán».[11]

Desarrolla tus competencias comunicativas con inteligencia emocional

La ignorancia emocional se define con el nombre de alexitimia. Es la incapacidad de leer y expresar las emociones o sentimientos, de lograr concordar y conectar las acciones con las emociones. Se produce por una actividad demasiado intensa o demasiado lenta, en el cerebro, que perturba la apreciación justa de la experiencia emocional.

Se manifiesta por:

- Dificultad para describir y expresar las propias emociones.
- Encontrar limitaciones para la imaginación de la vida.
- Tendencia permanente a la acción, para evitar cualquier conflicto o tratar de solucionarlo.
- Describir en forma muy detallada los hechos o síntomas físicos. Con la actividad del pensamiento enfocada en preocupaciones puntuales.

Ante esta realidad cada vez más extendida entre la población es necesario el desarrollo de la inteligencia emocional para una comunicación interpersonal fluida y saludable. Una persona con inteligencia emocional es asertiva, habla de manera afirmativa y expresa sus emociones con imaginación e intencionalidad clara y contundente.

«Es más adecuado regular tus emociones que controlarlas. Porque controlarlas puede llevarte a reprimirlas, y eso no es sano. Regularlas implica poder sentirlas y entender por qué existen esas emociones, para luego actuar», dice María José García Sierra, destacada profesional, máster en Sicología Clínica de la Universidad de Los Andes de Colombia y máster en *Coaching* de la Universidad EAE Bussiness Schooll de Barcelona, España. Ella es parte del equipo colaborador e investigativo de nuestra plataforma de mentores y *speakers* CLIC Mentors (clicmentors.com) (www.clicmentors.com).[12]

La emoción de rabia, por ejemplo, te permite darte cuenta de aquellos asuntos con los que te encuentras en desacuerdo. Te ayuda a protegerte de las acciones de la otra persona que te podrían afectar. No hay emociones negativas. Todas existen con funciones clave, y si las aprendes a regular, te pueden ayudar a mejorar tu nivel de asertividad. Aunque algunos sistemas sociales y culturales enseñen que las emociones como la rabia se deben controlar por completo, y las presentan como perjudiciales, la recomendación es escuchar esa rabia. Detectar los síntomas fisiológicos que te produce y los pensamientos que te surgen en el momento de la emoción.

Para la sana regulación de emociones como la rabia, es importante realizar una distinción y profundizar en la diferencia entre los conceptos como pelea y conflicto. El conflicto, mirado como la diferencia de opiniones o posturas, no como una guerra violenta, se considera sano y necesario en las relaciones interpersonales. Incluso debes perderle el miedo. Mirarlo como la oportunidad de crear espacios de comunicación asertiva, con diálogos y conversaciones que te permitirán mejorar la relación y crecer como persona. El conflicto no se puede evitar, pero sí se debe resolver.

Resolver los conflictos te ayudará a evitar que se conviertan en peleas. Esa resolución debe incluir conocerte a ti mismo, con tus creencias y valores. También es muy importante entender de dónde vienen las ideas del mundo. Te permitirá darte cuenta por qué piensa diferente la otra persona.

Para resolver el conflicto es importante también reconocer:

- Las emociones, y gestionarlas, como una fuente rica de información.
- La corresponsabilidad; cada parte tiene una participación en el conflicto.
- La participación de cada parte en la solución.
- La identificación del «para qué», y no el «porqué», con el fin de centrar la atención en la solución y no en el problema.

Los tipos de emociones básicas y su influencia en la asertividad

Para desarrollar competencias comunicativas como seres asertivos, con inteligencia emocional, es necesario identificar primero las emociones básicas.

A partir de los estudios del famoso sicólogo Paul Ekman, se clasificaron en seis categorías y se ha llegado a la conclusión de que las emociones poseen una finalidad adaptativa que cumple diferentes funciones importantes frente a cada una de ellas.[13]

El dominio de estos seis rasgos y de las respuestas que presentamos frente a cada una de estas emociones básicas es definitivo para el desarrollo de una comunicación asertiva: miedo, sorpresa,

6 LAS EMOCIONES BÁSICAS

Es la anticipación de una amenaza o peligro que produce ansiedad, incertidumbre, inseguridad. Te induce a buscar protección.

MIEDO

Es el sobresalto, asombro o desconcierto transitorio. Te induce a orientarte frente a una nueva situación.

SORPRESA

Es el disgusto o asco que te impulsa de alejarte del objeto de la aversión. Te lleva a rechazar aquello que te fastidia.

AVERSIÓN

Es la rabia, enojo, cólera, furia o irritabilidad. Te produce reacciones de agresion y violencia.

IRA

Es la euforia, dicha y contentamiento que produce bienestar y felicidad. Te lleva a querer mantener y reproducir el evento que te permite sentirte a gusto.

ALEGRÍA

Es el dolor por un faltante que produce pena. Te motiva a una nueva reintegración personal.

TRISTEZA

aversión, ira, alegría y tristeza. Cada una de estas emociones básicas se refleja en nuestra comunicación verbal y no verbal.

Si sabes autoconocer tu forma de reaccionar ante estas emociones básicas cuando te relacionas con otras personas, habrás ganado ya un camino importante en el ámbito de ser asertivo. Después
de autoconocerte, entrarás en el proceso de autorregularte, para
no dejarte dominar por ninguna de ellas, sino saber gestionarlas
con inteligencia.

El desarrollo de tus competencias comunicativas se relaciona
de manera directa con el de tu inteligencia emocional. La empatía
y la asertividad que te permiten construir relaciones consistentes y
perdurables requieren de la habilidad para regular tus emociones,
al tiempo que sabes interpretar y valorar las de los demás. Tanto en
la vida personal como profesional y laboral, la inteligencia emocional se aplica para regular tu forma de conectarte con otros.

Aristóteles dijo: «Cualquiera puede enfadarse, eso es algo
muy sencillo. Pero enfadarse con la persona adecuada, en el grado exacto, en el momento oportuno, con el propósito justo y del
modo correcto, eso, ciertamente, no resulta tan sencillo».[14]

Significa que no puedes mostrar asertividad, ni equilibrio, a
menos que aprendas a identificar y administrar primero tus emociones. Por eso uno de mis objetivos y logros como mentora y autora de nueve libros de comunicación,[15] así como todos mis recursos
online en la página web y redes sociales son para ayudarte a saber
cómo dominar tus emociones para mejorar tus relaciones.[16]

Uno de los principales avances del desarrollo humano en las
últimas dos décadas ha sido el reconocimiento, cada vez más consciente, de la inteligencia emocional. Considero de suma importancia educar a nuestros hijos y liderar a los equipos de trabajo en las
empresas, con el aporte de herramientas que les ayuden a saber
cómo manejar sus propias emociones y sentimientos. De esa manera sabrán cómo comportarse ante las diferentes situaciones de la
vida y tomar decisiones acertadas, que darán como resultado seres
más asertivos, y también con mayor efectividad y rentabilidad.

Es evidente que hoy las empresas eligen a sus líderes y empleados no solo por su hoja de vida, sus conocimientos y experiencia, sino que los seleccionan por sus actitudes ante las realidades que enfrentan. Por su forma de administrar sus emociones y conducir sus relaciones.

El desarrollo de la inteligencia emocional permite autoconocerte, autorregularte y autocontrolarte. Contar con las facultades suficientes para lograr automotivarte cuando te encuentres desanimado, frustrado, agotado o aburrido. Dominar emociones como la ira cuando estés furioso y pienses que puedes llegar a perder el control y acabar con todo en un instante de emoción exacerbada. Ser capaz de regular un arranque de alegría exagerada, desbordada e incontenible que te lleve a una euforia desmedida.

Inteligencia emocional no significa ahogar las emociones, sino saber dirigirlas y equilibrarlas. Implica conocer la forma de gestionar tus propias emociones y ser capaz de identificar las de las personas que te rodean. No existe inteligencia comunicacional sin inteligencia emocional. Van de la mano, se interrelacionan y son interdependientes.

La inteligencia emocional genuina se fundamenta en los valores que son tu esencia como persona y que van más allá de tus habilidades y competencias. Esos principios de vida en los que crees y a los cuales les atribuyes valor. La integridad, el respeto, la honradez, la humildad, la verdad, la fe, la amabilidad, la fidelidad, la justicia, la responsabilidad y, por encima de todos, el amor.

Los valores son también el eje central de todas las competencias comunicativas. Les dan solidez y firmeza. Son la estructura que le da soporte al edificio de las emociones. Por eso no pueden ser relativos, ni negociables.

Las competencias comunicativas se desarrollan por medio de entrenamiento y procesos de aprendizaje. Puedes aprender a responder de manera asertiva ante la ira, el miedo, la tristeza o la alegría.

El concepto de inteligencia emocional fue popularizado por el sicólogo, antropólogo, escritor y columnista del *New York Times*, Daniel Goleman, quien adquirió fama internacional por la publicación del libro *Inteligencia emocional*, en 1995.[17]

Goleman le dio fama a la inteligencia emocional y la definió como la habilidad de identificar, comprender y regular las emociones propias y las de los demás. La inteligencia emocional se utiliza hoy en día para el desarrollo personal en el campo empresarial y educacional.

En mis programas de *mentoring* empresarial y de maestrías en universidades, explico el concepto de inteligencia emocional y lo aplico a la metodología de la Nueva Comunicación Inteligente (NCI) a través de la cual he entrenado a más de cien mil líderes en catorce países de Latinoamérica y Estados Unidos, y en más de cincuenta empresas y universidades, en los últimos dieciocho años.

Cada una de las técnicas y herramientas que aplico a mis procesos de *mentoring* se relacionan de manera directa con los conceptos de la inteligencia emocional. Han sido más de veinticinco años dedicados a la investigación de la comunicación, no solo como habilidad para hablar en público y expresarse bien, sino como una competencia del ser. Porque si conoces tus propias fortalezas y oportunidades de mejora en la comunicación, podrás autorregularlas y autocontrolarlas.

Temas como el miedo escénico, el manejo de la confianza personal, el dominio del público y de sí mismo, la postura frente a las personas, los enseño en mis cursos presenciales y *online*, desde el ser, más que desde el saber.

Como mentora empresarial creo que los beneficios de la inteligencia emocional son muy altos para un ejecutivo, empresario, emprendedor o estudiante que necesita autogestionar su forma de relacionarse día a día.

La inteligencia emocional le sirve a un profesional en su desarrollo personal para:

- Construir relaciones interpersonales con comunicación saludable
- Maximizar la confianza en sí mismo
- Aumentar la motivación para alcanzar el propósito
- Incrementar la persistencia y el enfoque
- Tomar decisiones apropiadas y oportunas
- Incrementar la productividad y efectividad
- Elevar el nivel de liderazgo asertivo
- Desarrollar el servicio al cliente como una experiencia
- Manejar el estrés y resolver los conflictos
- Disfrutar de salud emocional y reducir la ansiedad

El efecto de la validación emocional

Ser asertivos implica realizar el ejercicio permanente de valorar las emociones de las personas con quienes nos comunicamos.

Cuando eres un conferencista o realizas presentaciones en un auditorio y cuentas con la habilidad para escuchar las miradas, los gestos, las frases entre líneas, e interpetar cuáles son las emociones que vive tu público en ese momento, seguro cuentas con un largo camino ganado en los resultados y la efectividad de tu mensaje. Te puede funcionar bien el ejercicio de imaginar que la gente, cuando está al frente tuyo, lleva colgado un letrero que dice: «¡Hazme sentir importante!».

Mucho más en las relaciones interpersonales. Si te encuentras en medio de una conversación, ocúpate más en saber valorar las emociones de la persona que en hablar mucho, ser aprobado y tener la razón. Tu comunicación será mucho más efectiva. Por medio de la empatía puedes ser más asertivo. La identificación con la otra persona permite un nivel superior de comunicación.

La validación emocional se aprende como parte del proceso de crecimiento en las competencias comunicativas interpersonales. Puedes desarrollar la habilidad de entender cada vez más las emociones del otro, o incluso de ti mismo, lo cual implica no rechazarlas, ignorarlas o juzgarlas, porque eso produce los efectos desastrosos de la invalidación emocional, que tanto bloquea las relaciones.

Cuando valoras las emociones de la otra persona, permites que la comunicación fluya, sin caer en el extremo de agredir o ser avasallador, ni tampoco en el de ser pasivo o indiferente. El efecto que se produce en las personas al sentirse amadas, reconocidas y comprendidas es proporcional a la calidad de tu comunicación con ellas.

El acto de valorar las emociones se relaciona con la habilidad más alta dentro de las competencias comunicativas: saber escuchar. En mi libro «*EL ABC de la Comunicación Efectiva*»[18] hablo a profundidad del tema. Aquí lo enfocaremos en forma directa con la capacidad de ser asertivos.

El estadista inglés Winston Churchill dijo, entre otras de sus muchas frases célebres que dejaron a sus auditorios perplejos por su pragmática contundencia: «Se necesita coraje para pararse a hablar, pero más para sentarse a escuchar». Hoy se habla de «El factor Churchill».[19]

Cuando escuchas y valoras sus emociones, se eleva el nivel de confianza de la otra persona. La fluidez de su conversación aumenta de manera favorable, porque al validarla, permites una sana invitación a la apertura de sus propios pensamientos y sentimientos. Mientras que la invalidación produce barreras infranqueables en la comunicación interpersonal que, por supuesto, afectan la relación y la deterioran de manera progresiva.

La aceptación y resolución de conflictos

Dentro del ámbito de las habilidades de negociación, tanto para las ventas como para la resolución de conflictos, el proceso de la aceptación es todo un arte, que cuenta con técnicas propias. En las relaciones interpersonales es muy importante lograr esa aceptación, tal como se desarrolla en las negociaciones más hábiles.

La aceptación se da por medio de la validación emocional, pero esto no quiere decir que debemos mostrarnos siempre de acuerdo o que tratemos de pensar y sentir lo mismo para relacionarnos bien. Es parte del ser asertivos saber exponer nuestras propias emociones, sentimientos y pensamientos.

La asertividad implica la validación emocional, y la validación lleva consigo la aceptación. Aun cuando no estemos de acuerdo con lo que el otro piensa o siente, no lo invalidamos, ni lo criticamos ni juzgamos. Aprendemos a aceptar y valorar sus emociones, sus conceptos y creencias, con empatía.

Expresar nuestro desacuerdo, sin perder el dominio propio, es la manera en que logramos ser asertivos de verdad, para transmitir nuestras propias emociones, las cuales también necesitamos validar y aceptar de manera activa, y no pasiva o ausente. Es decir, mostrar con tu lenguaje corporal, tus expresiones faciales, el tono de la voz, y sobre todo, con la actitud y la conexión desde el corazón, que te encuentras ahí, con todo el interés y la valoración de sus necesidades, de sus sentimientos y de sus emociones.

No es posible ser asertivos sin presencia de ánimo en la escucha y en la conversación. El balance de la comunicación interpersonal renuncia a la pasividad personal, a la inacción y a ignorar al otro por estar ensimismado y egocéntrico. Tus diálogos requieren atención y validación hacia el otro, para que no sean monólogos sin sentido.

Realizar reflexiones objetivas a profundidad

Para que la comunicación interpersonal produzca los resultados que esperas, debes desarrollar la práctica de las reflexiones objetivas acerca de lo que el otro te quiere transmitir. Después de escuchar con interés y atención, podrás reflexionar a profundidad, no solo en los hechos y circunstancias, sino también en las emociones que refleja con lo que dice.

La reflexión objetiva va más allá de la escucha dinámica. Después de escuchar, profundiza en el asunto a conciencia y analiza las emociones que conducen a ciertas actitudes y reacciones, para después revisarlas desde diversas perspectivas, así llegarás a preguntarte a ti mismo incluso acerca de tus propias interpretaciones y tu forma de ver el mundo.

Preguntarse las causas de la emoción del otro

Una de las formas más efectivas de encontrar la apertura a la comunicación interpersonal es parar de escuchar tus propias razones y preguntarte el porqué de las actitudes y de la forma de reaccionar del otro. La pregunta es: ¿cuáles han sido los motivos que le han llevado a ese comportamiento?

Es alcanzar el nivel de comprensión más empático acerca de lo que la otra persona siente, o de su forma de pensar en ese momento. Para ello puedes realizar preguntas sencillas pero certeras para que puedas saber por qué sus emociones se encuentran en ese estado, por qué se siente así y qué es lo que piensa al respecto.

Se requiere cuidado e inteligencia para formular las preguntas de manera que sean asertivas, para que no sean tan obvias o tan complejas que le exasperen más, o que incluyan una manera tóxica de culparlo por lo que le pasa. Puedes incluirte a ti mismo para generar una identificación, con preguntas como por ejemplo: «¿Me parece que te disgustaste por lo que dije con respecto a tu trabajo?».

Buscar los motivos que lo llevaron a esa acción

Si buscamos ser asertivos, apuntaremos a la valoración del trasfondo cultural y el mundo del otro. Todo lo relacionado con su entorno personal. Eso nos ayudará a entender el contexto dentro del cual actúa y desarrolla sus emociones, sentimientos y su forma de pensar acerca de algún asunto.

En casos como el de una persona en el equipo de trabajo, que se ha tornado difícil, podemos llegar a entenderlo si pensamos que ha estado en medio de un difícil proceso de divorcio, o en el duelo por la pérdida de un ser querido, o con problemas de salud por un dolor de cabeza crónico. Podrías llegar a responderle de manera asertiva a sus comentarios a veces no muy amables: «entiendo que no ha sido fácil para ti la pérdida de... por eso has estado un poco de mal genio», o algo similar, dicho con mucho tino, sin agredir, ni ofender, ni lanzar indirectas con sarcasmos. Siempre, en la búsqueda de las mejores opciones y la intención clara de mantener blindado lo más importante, antes que tu propia razón: la relación.

La clave por excelencia para mantener relaciones interpersonales sanas y lograr la valoración y la aceptación del otro, es aplicar el primer mandamiento de la asertividad, que suele ser infalible en todos los casos: «Ama a tu prójimo como a ti mismo», Jesús.[20]

Identificarse de manera natural, sincera y espontánea

Para lograr la valoración del otro con asertividad es necesario ser empático y contar con la capacidad de identificarse, buscar entender lo que le pasa y no juzgarlo, condenarlo, o enfurecerte en forma descontrolada por el efecto negativo que te produce la expresión de sus emociones, lo cual es poco asertivo.

Funciona bien plantearle que es natural y entendible lo que le sucede. Puede serle de gran ayuda y alivio sentir que no es el único, que muchas personas se sienten igual en medio de una situación como la suya. Esto le hará saberse no solo valorado, sino comprendido y acompañado, porque no está solo en su emoción.

Por ejemplo, si tu compañero de viaje durante un vuelo en avión muestra mucho miedo, puedes ayudarle con una frase asertiva de valoración e identificación como: «Me imagino que estás asustado porque hay un poco de turbulencia. Así me pasaba a mi antes, pero al darme cuenta de que siempre pasa pronto, y sin problema, aprendí a viajar con más tranquilidad y puedo disfrutar los vuelos».

Mantener una actitud de apertura hacia las experiencias del otro

La mente cerrada hacia las emociones de la otra persona genera una ruptura inmediata de la relación. Contar con un pensamiento flexible y la actitud permanente de salirse de la caja es un requisito indispensable para lograr ser asertivos.

La validación y aceptación se producen solo en personas dispuestas a abrir su mente a las experiencias emocionales del otro, para comunicarse con asertividad y no ofenderlo, ni ignorarlo.

Cada emoción de la persona con quien nos relacionamos cuenta con un valor determinado y existe por alguna razón que debemos considerar importante.

Incluso cuando nuestra respuesta deba ser un NO, o estemos en total desacuerdo, si logramos validar las emociones del otro, podremos ser asertivos para responderle nuestra negativa o manejar las objeciones de una manera equilibrada y concreta, sin apasionamientos desmedidos. Sin necesidad de criticar, juzgar, rechazar o invalidar sus emociones.

Si mantenemos la mente cerrada a sus expresiones, nuestros diálogos se basarán en la incomprensión y se inclinarán hacia las palabras de descalificación o rechazo absoluto como: «siempre lo mismo», «eres mentirosa», «eso es absurdo», «¡qué ridiculez!», «eres insoportable», «nadie te cree» o «ese es tu problema, no el mío».

Cuando se trata de negociaciones con clientes es poco asertivo juzgar sus emociones acerca de nuestro servicio o producto, antes de pasar por el proceso de validarlas, analizarlas e incluso agradecerlas, como una oportunidad de mejora, para próximas ocasiones.

Podemos exponer nuestras razones, objeciones, puntos de vista en desacuerdo, con la capacidad de no invalidar las del otro. Con la claridad del que expresa sus emociones desde el lado del prisma donde las ve. Ser asertivos implica realizar conversaciones que no se basan solo en nuestro propio mundo, sino que valoramos el mundo que el otro ve, aun cuando no nos guste, o no estemos de acuerdo, o no nos parezca la mejor opción, o creamos que tenemos toda la razón.

Ser asertivos es valoración. Es inteligencia emocional. Es comunicación inteligente. Es negarse a la posición egocéntrica y obstinada. Es crecer día a día en saber validar y aceptar al otro, no anularlo. Es convencer a través del lenguaje del verdadero amor que no busca lo suyo, que nunca deja de ser, sino que fluye desde el ser. Eso es, en esencia ser aSERtivos. Con todo nuestro SER, y también con el SER del otro en el centro, de manera altruista.

Comienza a ser asertivo en un mundo polarizado e hiperconectado

Las tecnologías de información (TI) le han aportado enormes avances a la comunicación. Podemos comunicarnos con la cercanía que nos brinda internet, o con las más impresionantes innovaciones de la telefonía celular y los dispositivos móviles.

Las redes sociales han sido un gran beneficio para la comunicación interpersonal, que nos mantiene cercanos y unidos desde cualquier parte del mundo. Eso es fascinante. Pero, como todas las bendiciones, si no las sabemos administrar, se pueden convertir en una fatal maldición.

Soy fiel admiradora y seguidora de las tecnologías de información. De manera providencial me he convertido en mentora de empresarios, ejecutivos y estudiantes de maestría y doctorado, dentro de la Ingeniería de Sistemas, especializados en arquitectura de TI. Por eso siento cada vez más simpatía y aprecio por quienes desarrollan y administran las nuevas tecnologías.

En el curso «Desarrollo de habilidades avanzadas en comunicación: Power People», que dicto para la maestría de TI de Ingenieros de Sistemas y carreras afines, ellos aprenden a desarrollar la asertividad como competencia del ser, más que del saber tecnológico. Los procesos de transformación de cada uno son impresionantes y muy gratificantes.

Por eso, amo las tecnologías de información. Por todos los servicios y beneficios que nos prestan día a día para comunicarnos desde cualquier parte del mundo con los seres queridos y amigos, o realizar conversaciones de negocios con personas en cualquier lugar a nivel global.

Me encantan todas las redes sociales y tengo miles de amigos y seguidores en ellas, con los que interactúo en forma dinámica y permanente.

Con todo, creo que la misma pasión por las TI y el *mentoring* a los gestores de la innovación tecnológica, me conduce también a asegurar que necesitamos con urgencia un replanteamiento de la forma como manejamos nuestras relaciones interpersonales, a partir de la conexión digital. Vivir en un mundo hiperconectado nos trae nuevas exigencias a la forma en que nos comunicamos con los demás. Es todo un reto a la comunicación social que debemos abordar de inmediato y sin vacilaciones.

La urgente asertividad digital

La avalancha de las redes sociales –sin mencionar ninguna, porque lo que funciona hoy como ultramoderno, muy pronto puede estar obsoleto– nos lleva de manera progresiva y a velocidades alarmantes hacia un mundo superavanzado en nuevos medios de comunicación y aplicaciones, pero muy poco en cuanto a comunicarse por medio de ellos como seres asertivos.

En las redes sociales aparecen, en una gran mayoría, comentarios agresivos, impropios y desmedidos. Tanto es así, que podemos ver cómo se plantea el fenómeno del acoso (*bullying*) por medio de las redes, al punto de ser causante de suicidos en jóvenes y adolescentes.

Basta con leer los comentarios que les escriben a algunas figuras públicas del mundo del entretenimiento, cuando suben una foto o una historia a las redes sociales. Algunos mensajes suelen ser no solo agresivos sino crueles, inapropiados, insultantes, vulgares, absurdos y poco humanos. Al punto que ahora se habla de la existencia de la comunidad *online* de «haters» - «odiadores - enemigos». O sea, los que se dedican por oficio a escribir repugnantes comentarios, llenos de odio.

Necesitamos con urgencia humanizar la comunicación *online*, y solo lo conseguiremos si aprendemos a ser asertivos. Es definitiva la importancia de crear una cultura de comunicación inteligente en internet y diseñar una política de comunicación digital fundamentada en principios y valores. Sobre todo, en la competencia comunicativa de ser asertivos a través de la seria educación a las nuevas generaciones para que conozcan el valor de validar y aceptar al otro, sin agredirlo con imagenes, fotografías, historias o mensajes.

Las relaciones interpersonales *online* también requieren del estudio de factores relevantes, que vayan más allá del sensacionalismo o la distracción, para entrar en el estudio de la forma como debemos interrelacionarnos en un mundo hiperconectado.

Si realizamos un código de comunicación *online*, que comencemos a masificar con campañas de sensibilización de valores como el respeto, incluso por las mismas redes sociales... Si incluimos en los colegios, desde la niñez y también para los últimos grados, clases completas sobre Comunicación digital inteligente, para saber manejar relaciones interpersonales sanas y edificantes en internet, no destructivas, estaremos frente a un mundo más asertivo, menos agresivo, y también menos pasivo e indiferente frente a las malas acciones.

El riesgo de la alienación en línea

Ser asertivos hoy es, además de una competencia comunicativa desde el ser, una emergencia social inminente. No solo por el manejo del lenguaje inapropiado y alarmante de un gran porcentaje de los comentarios y conversaciones *online*, sino también por la forma en que pensaremos de ahora en adelante para administrar con prudencia el uso de nuestros formidables celulares y computadores, cada vez con más aplicaciones (Apps) y más ayudas para facilitar la comunicación *online*, pero que complican y deterioran la comunicación interpersonal presencial. La asertividad nos debe llevar a manejarlas ambas con el suficiente balance para no ser ni agresivos, ni pasivos, con ninguna de las dos. En el justo balance de tiempo y espacio. Con el suficiente cuidado de dar prioridad a los que están presentes.

Para no mantenernos comunicados de manera compulsiva y ansiosa solo con la gente que se encuentra a miles de kilómetros de distancia, sino mantener nuestras relaciones interpersonales con la gente que está frente a nosotros, de manera real, a la cual ahora ignoramos, porque estamos conectados con los que están lejos, en forma virtual.

Aunque nos encanten y nos apasionen todas las redes sociales, no podemos distanciarnos de nuestra pareja por estar sumergidos en el mundo de la información digital. Necesitamos comenzar a ponerle límites de tiempo, espacio y emociones a la dependencia de la conexión *online*, para administrar con inteligencia las relaciones interpersonales presenciales.

Comencemos a construir más y mejores conversaciones cara a cara (*face to face*) y a darle el lugar que le corresponde a Facebook o a cualquier otra de las geniales redes sociales que nos acompañan hoy. Así lograremos cada vez mejores hábitos de comunicación asertiva y saludable, con justa alineación y balance.

Concientiza #asertivos: en línea, pero no alienados

La aparición de la conexión *online* es, sin lugar a duda, un aporte extraordinario de la innovación tecnológica a la comunicación interpersonal, que reconocemos, aplaudimos y agradecemos.

Nos cambió la forma de relacionarnos a todos. Nos revolucionó el concepto de la distancia en las relaciones. Eso hay que celebrarlo, por siempre. Los beneficios y el avance son de verdad sorprendentes e impresionantes.

Y es preciso, por tratarse de una excepcional oportunidad tecnológica para el desarrollo humano, que necesitamos inteligencia comunicacional para saber manejarla y administrarla con sabiduría.

No podemos permitir que un beneficio enorme se convierta en un desastre tóxico, adictivo y nocivo para la salud relacional, que lleve a cada persona a una dependencia enajenante (*alienating*). La alienación en línea nos puede llevar a transformar de manera nada conveniente la conciencia individual y colectiva.

Durante las décadas pasadas, en los años entre los sesenta y ochenta, se habló de la alienación causada por la televisión a las nuevas generaciones. Se refería a la forma como los jóvenes y niños, y aun los mayores, se encontraban adormecidos, hipnotizados y controlados por la pantalla del televisor y, por supuesto, por los contenidos de la publicidad o los programas que, se consideraba, estaban saturados de escenas de sexo y violencia. En las facultades de Comunicación Social a nivel mundial se comenzaron a realizar análisis y estudios sobre ese fenómeno, el más preocupante en cuanto a influencia de la tecnología en las relaciones intepersonales y en la sociedad.

Hoy nos enfrentamos a un fenómeno con evidencias de alienación mucho más altas. No obstante, al parecer el índice de concientización y profundización sobre el tema pareciera ser mucho menor.

Desde esta plataforma y todas las que me permiten un nivel de influencia como mentora y autora, levanto una bandera blanca y propongo una campaña de transformación cultural que nos ayude a ser asertivos con el manejo de las conexiones *online*. La campaña #asertivos nace con el fin de aportar al mundo una ayuda para proteger las relaciones interpersonales presenciales en extinción.

Una campaña para la reconexión cara a cara, *face to face*. Con el contacto visual de la mirada o *eye contact*. Con la sonrisa, con el sonido de la voz, con el otro presente, con la calidez cercana, con la conversación directa, con el contacto físico que nos permita abrazar y experimentar la presencia real del otro en vivo y en directo. No solo en LIVE on line. Para que sepamos qué siente y qué le pasa, sin comunicarnos solo por mensajes de texto en WhatsApp.

La propuesta de ser #asertivos no trata de afirmar que la conexión interpersonal *online* es negativa, ni está en contra de ella. Es más bien un llamado a la recuperación de la conectividad persona a persona, como prioridad, y a la concientización de que corremos el riesgo de perderla si no le damos a lo digital un manejo más inteligente lo antes posible, antes de que sea demasiado tarde y perdamos las relaciones interpersonales saludables con las nuevas generaciones.

El propósito de la nueva campaña de concientización #asertivos es declarar la urgente necesidad mundial de:

- No abandonar, ni subvalorar, las relaciones interpersonales presenciales.
- Darle mayor atención al riesgo de la dependencia emocional ansiosa producida por el exceso de conexión *online*.

- Generar conciencia sobre la prioridad de la comunicación presencial con el otro.
- Construir una política de comunicación en cada organización, país y familia, con las reglas del juego claras para delimitar el tiempo y los espacios en los que se utilizan los aparatos para conexión *online*, como el celular, *smart phone*, tableta y computador.
- Estructurar programas de Desarrollo humano en comunicación interpersonal, para educar en los colegios, universidades, empresas y comunidades, sobre la realidad existente del riesgo de extinción de las relaciones interpersonales. También sobre los efectos nocivos, para la salud emocional, física y espiritual, del uso excesivo y abuso de la conexión *online* y la ausencia de relaciones presenciales.

Es necesario crear en la conciencia de todos la responsabilidad de conseguir juntos el cambio, hacia un mundo de personas que sepan utilizar y regular la ayuda de la comunicación en línea como un soporte, sin permitir la alienación, ni la afectación de sus relaciones interpersonales presenciales.

Un mundo donde nos mantenemos en línea, pero no alienados. Donde permanecemos *online*, pero primero nos conectamos con las personas cercanas, de manera personal. Capaces de construir la nueva cultura de comunicación inteligente, conformada por seres #asertivos.

La impresionante polarización

Cuando las partes de un proceso se ubican en polos opuestos, permanecen en un estado de «polarización». Como en el caso de la sociedad moderna, donde cada grupo de opinión toma una posición absolutamente contraria a la otra, sin puntos de acuerdo o balance. Las personas suelen encontrarse en algún extremo y no buscan la opción de revisar las condiciones para llegar a acuerdos.

Además de tocar el tema acerca de cómo nos relacionamos dentro de las redes y la comunicación por internet, también es necesario confrontar en este cambio de cultura comunicativa, la impresionante polarización en que vivimos por causa de la incapacidad de contar con el balance suficiente para no comunicarnos desde ninguno de los extremos. Necesitamos ser #asertivos.

Es increíble la forma en que los países se fragmentan cada vez más, y por completo, a partir de la polarización de los partidos o las ideologías. No existen materias en los colegios y universidades en las que se les enseñe a los estudiantes a enfrentar el mundo como seres #asertivos

En el campo político, por ejemplo, la opinión pública llega a fragmentarse en los extremos de oposición, y la presencia de los mensajes asertivos se convierte en una necesidad cada vez más urgente para llegar a conseguir voceros con el balance necesario para una comunicación más saludable. Así mismo, a nivel de resolución de conflictos en las familias, las empresas y organizaciones, y cualquier espacio donde se desarrollen relaciones interpersonales, es necesario el balance para responder con autoridad y moderación ante la resistencia generada por la polarización, que impide la toma de decisiones con asertividad.

Acerca de este grado creciente de polarización que vemos en las redes sociales, el famoso sicólogo y autor *bestseller* #1 del *New York Times*, Adam Grant, respondió en una entrevista realizada por Federico Fernández de Santos, en la que lo califican como «original y brillante». Ante la pregunta: «¿Cree que hoy las cosas se polarizan más y las redes sociales tienden a exacerbar las posiciones?, Grant respondió:

Sí, estoy de acuerdo. Parece que o nos estamos polarizando, o las personas se vuelven más expresivas sobre sus actitudes ya polarizadas. No sé cuál es la proporción de cada cosa, pero los más expresivos y polarizados son quienes están en los extremos. Son ellos los que tienden a tener las opiniones más radicales y fuertes. Cuando uno piensa sobre la ideología y la política, detecta mucho terreno intermedio que no resalta, que parece no expresarse. Quienes están en este espacio central suelen pensar en escala de grises y entienden la complejidad que existe a la hora de tomar decisiones. Lo que realmente me parece importante es que se genere ese lugar entre los extremos que permita a quienes lo ocupen expresarse con libertad y exponer sus opiniones. Lamentablemente, lo que existe en la actualidad me parece lo opuesto a este planteamiento.[21]

Estoy de acuerdo con Adam Grant en esta afirmación y en muchas otras. Lo que destaco aquí de su tesis es la conexión que encuentro entre mi propuesta de transformación de la comunicación y su aseveración de la necesidad de encontrar «ese lugar entre los extremos que permita a quienes lo ocupen expresarse con libertad y exponer sus opiniones». Ese lugar solo lo encontrarán los que logren el balance para ser realmente asertivos.

A. *Lenguaje:*

Debemos regular la forma de hablar y escribir que utilizamos en las conversaciones y comentarios en las relaciones interpersonales digitales, para ser:

- Equilibrados: con la habilidad de pensar de manera tranquila, centrada, sin polarizaciones extremas, políticas, sociales o personales.
- Pacíficos: sin agresiones ni acosos (*bullying*), que se han convertido en un «estilo» peligroso de comunicación generalizado.

RELACIONES INTERPERSONALES DIGITALES

LOS TRES ASPECTOS QUE NECESITAMOS TRANSFORMAR

¡Desconectémonos para que nos CONECTEMOS!

LENGUAJE
Equilibrados & pacíficos

TIEMPO
Intencionales & sabios

ESPACIO
Directos & cercanos

B. Tiempo:

Necesitamos regular la cantidad de horas que invertimos en las relaciones digitales, y el lugar en el que nos «conectamos», para ser:

- Intencionales: en la priorización que le damos al efecto-afecto, la calidez y armonía de nuestras relaciones presenciales con los seres cercanos, antes que a las digitales, con lejanos o extraños.
- Sabios: en la autodisciplina para lograr un manejo efectivo del tiempo de calidad en nuestras relaciones de pareja, familia, amigos o equipo de trabajo, a través de una sana administración que permita ponerles límites y agendar las horas que les damos a las relaciones digitales, sin quedar atrapados y «enredados» en las redes sociales.

C. Espacio:

El lugar que escogemos para nuestras conversaciones digitales define la forma en que las autorregulamos. Necesitamos reinventarnos para escoger mejor los lugares donde utilizamos los extraordinarios aparatos que nos ofrece la tecnología, como el celular, el computador portátil o la tableta. Así podremos manejar las redes sociales e internet en los espacios adecuados, sin entorpecer nuestras relaciones interpersonales presenciales.

- Directos: las relaciones interpersonales necesitan del contacto que nos permita la conexión directa. Porque aunque la conexión digital, insisto, nos aporta innegables grandes beneficios y avances en la comunicación, sobre todo en los casos en los que nos encontramos a grandes distancias, nos aleja cada vez más de la posibilidad de la forma más poderosa para relacionarnos y entendernos que es el contacto visual (*eye contact*) y, en general, el contacto personal con la gente, que nada podrá reemplazar.

- Cercanos: la proximidad de las relaciones interpersonales produce una conexión emocional (*rapport*) única. El concepto de *rapport* se refiere a ese proceso en el cual las personas se sienten sintonizadas y generan simpatía, al punto de producir armonía y acuerdo entre ellas. *Rapport* es comunicación asertiva con conexión emocional. El término proviene del francés *rapporter*, que quiere decir «intercambio». En cuanto a la conexión en las conversaciones, la teoría del *rapport* se refiere a la sintonía mutua en los temas. Incluye tres componentes: atención + positividad + coordinación.

Puesto que la maravillosa conexión digital es lo más parecido a las relaciones interpersonales presenciales, nos tiene a todos encantados con la deliciosa posibilidad de conectarnos, con conversaciones inmediatas en sonido de voz o video, en tiempo real, a las cuales les añadimos graciosas caritas o figuras (emoyis) que expresan emociones.

Necesitamos reaprender a disfrutar las fascinantes herramientas gráficas que nos ayudan en la conexión emocional digital, sin dejar de lado las expresiones del *rapport* personal real, irreemplazable e imprescindible.

Algunas veces, los emoyis que les adjuntamos a las conversaciones digitales son contrarios a la emoción real que vivimos, o a lo que en realidad sentimos. Podemos estar aburridos o fastidiados, e incluirle al mensaje emociones de alegría y felicidad.

En cambio, las relaciones interpersonales presenciales muestran la real expresión de nuestras emociones y sentimientos, cara a cara. Por medio de la inteligencia emocional y con el desarrollo del dominio propio cultivado en el espíritu, podemos desarrollar la autorregulación y encontrar la forma para realizar esa conexión emocional real en tiempo y espacio de la manera más adecuada y afortunada.

En contacto con el próximo, el cercano, el vecino...

Autorregular la forma de desconectarnos del maravilloso universo de las posibilidades digitales que nos atrae, nos atrapa y nos «enreda» en sus redes, para conectarnos de manera más intencional con las presenciales, tal vez no sea una tarea fácil. Puede ser un ejercicio que nos cueste trabajo, que sea muchas veces en contra de nuestra propia voluntad y del deseo ansioso e impulsivo de mantenernos en línea.

Pero lograrlo nos traerá beneficios que se notarán a corto, mediano y largo plazo, en la protección de la más importante señal de sabiduría superior que existe en nuestra vida: el amor al prójimo. Es decir, al próximo, al cercano, al vecino, al que está a nuestro lado, al que a veces no vemos por estar conectados con el mundo de un famoso influenciador extraño que está tan lejano.

Así mismo, el síndrome de la dependencia digital nos puede llevar a un extremo aún más difícil: comunicarnos en forma digital con las personas cercanas que están en el mismo espacio de la casa, la empresa o el restaurante. ¡Ese es el extremo de la hiperconectividad *online*!

Simplemente porque no queremos salirnos de la zona de confort y evitamos el ejercicio de levantarnos de nuestro lugar cómodo para entablar una conversación, y preferimos utilizar el celular para enviar mensajes de texto.

En el peor de los casos, porque ya no queremos más la comunicación interpersonal real, y preferimos la digital *online*, incluso cuando estamos cerca, en la misma sala o en la misma habitación, lo cual comienza a generar nuevas formas en la cultura del relacionarse, que deben ser estudiadas, abordadas y atendidas con suma atención, para autorregularlas y delimitarlas a tiempo.

Basta con ver a un grupo de jóvenes ejecutivos en el receso de una reunión en la sala de juntas. Es impresionante. No conversan, no se miran, no interactúan. Todos están conectados al celular o el computador, en conversaciones con alguien externo a la reunión. Parece que los perdimos.

Por eso la consigna para ser #asertivos es: «Desconectémonos, para que nos conectemos».

Expresa tu asertividad desde la comunicación no verbal o *body language*

El ser humano fue creado como un organismo que funciona de manera integral en su comunicación y expresión. Las emociones, que provienen del alma, las transmite a través de su cuerpo y de sus expresiones faciales, por medio de un lenguaje no verbal que muestra la forma como se siente y los estados emocionales que experimenta.

Las emociones y los sentimientos se expresan con el lenguaje corporal, antes que con las palabras. El lenguaje del cuerpo y la comunicación no verbal (CNV) muestran la realidad de tus sentimientos y emociones, a veces antes de que los manifiestes, incluso cuando prefieres callarlos.

El famoso sicólogo alemán, Albert Mehrabian, aseguró que al comunicar nuestras emociones y sentimientos, el noventa y tres porciento de lo que transmitimos depende de la comunicación no verbal y solo el siete porciento lo transmiten las palabras que pronunciamos. Se basa en conversaciones que transmiten emociones y sentimientos.

Tu habilidad para regular tus emociones es entonces proporcional al dominio que adquieras de tu lenguaje corporal. Cuando vas a hablar en público, por ejemplo, la primera emoción que se expresa es la del miedo, al que llamamos pánico escénico. Por eso en las máster clases y cursos *online* que dicto en empresas y universidades, uno de los módulos más sensibles es el de aprender a dominar la expresión corporal, para mostrar seguridad y confianza en ti mismo. Puedes estudiarlo en los cursos gratuitos de mi página web: www.soniagonzalezb.com

El dominio de expresiones como la sonrisa, muestran calidez y fluidez de la comunicación. El manejo adecuado de las manos denota apertura, confianza, autoridad o cualquier otra expresión. Siempre les digo a mis estudiantes: «Tu efecto entra primero que tus conocimientos al escenario». Te van a «leer» desde el primer instante. Por eso no basta con que estés muy preparado para el tema, si con la comunicación no verbal no convences ni logras persuadir a tu audiencia.

Si eres un líder en el trabajo en equipo, es clave el manejo de la asertividad de tus expresiones. Generar confianza, empatía, altruismo y un clima de calidez, a partir del dominio de la sana expresividad de tus emociones, puede llevar al equipo a logros inimaginables. Porque con la comunicación no verbal de tus emociones, los empoderas y los afianzas o, por el contrario, los desanimas y los sacas de base.

Igual pasa en tu casa, con tu pareja, o con tus hijos. La expresión adecuada de tus emociones, por medio de gestos, ademanes y posturas de agrado, de calma, de apertura, o de escucha dinámica, permite a las personas sentirse cómodas, tranquilas y seguras a tu lado.

La gente que siempre transmite expresiones de desagrado, malestar, estrés, rabia, amargura... produce en el ambiente de la casa y en la vida sentimental, relaciones interpersonales insoportables, producto de una persona con una comunicación no verbal tóxica.

Paul Ekman, el sicólogo norteamericano, de ascendencia judía, profesor emérito de la Universidad de San Francisco, California, quien clasificó las emociones básicas mencionadas en páginas anteriores, fue también el pionero en el estudio de las emociones y su relación con las expresiones faciales. Dijo que las expresiones faciales asociadas a las emociones básicas: ira, disgusto, miedo, alegría, tristeza y sorpresa, son involuntarias, inconscientes y universales, con un origen biológico, y que no son determinadas por la cultura.[22]

Él estudió las microexpresiones faciales para detectar mentiras a través de los gestos, con la afirmación de que las expresiones delatan la verdadera emoción e intención del ser, porque no se pueden ocultar. Sus estudios fueron la base de gran parte de las estrategias de seguridad antiterrorista y vial en el mundo, en el año 2000.

Uno de los objetivos de mis programas empresariales de *mentoring* avanzado para el desarrollo de competencias comunicativas es ayudar a las personas a desarrollar su expresión corporal con mayor asertividad. A entender cómo las expresiones faciales y el lenguaje corporal se pueden autorregular con inteligencia emocional y dominio propio.

Podemos aprender a ser cada día más consciente de la manera como fuimos creados, y de las emociones con que contamos; de la forma en que nos expresamos, de acuerdo a cada espacio o circunstancia, y comenzar a gestionarlas de manera cada vez más intencional y asertiva.

El dominio del lenguaje corporal incluye todos las expresiones, gestos, ademanes, movimientos y posturas que realices con el cuerpo y la cara.

La mirada, la sonrisa, la postura, el manejo de las manos, los movimientos, la forma de sentarnos o acomodarnos, delatan cada una de nuestras emociones y de nuestros sentimientos. Si las sabemos gestionar, podremos canalizarlas de tal manera que expresen ánimo o desánimo, interés o desinterés, calma o ansiedad, confianza o inseguridad, balance o desequilbrio.

La manera en que manejamos las manos, por ejemplo, se puede aprender de tal forma que expresemos seguridad y no miedo. Si desarrollamos técnicas de contacto visual podremos mostrar también más calma y serenidad que disgusto.

La modulación de la expresión corporal y las posturas nos pueden mostrar menos agresivos, o menos pasivos. El uso de claves para la adecuación de nuestros movimientos nos lleva a presentarnos como personas más seguras y más dispuestas a escuchar de manera dinámica.

Quiere decir que todo lo que expresamos con nuestros gestos y nuestra corporalidad tiene un sentido en la comunicación y nos puede mostrar más o menos asertivos.

Cada uno de nuestros gestos, posturas, movimientos y ademanes cuenta con un sentido dentro de la posibilidad de mostrarnos o no asertivos. Miremos aquí algunos de los que podríamos analizar para realizar un autodiagnóstico de nuestro nivel de asertividad en la comunicación no verbal y el lenguaje corporal:

Los ojos:

Las personas asertivas suelen mirar con firmeza y seguridad. La mirada es una de las maneras más claras de demostrar que de verdad afirmamos algo. Si la mirada es profunda, directa y sin vacilaciones, las posibilidades de mantener una comunicación con afirmaciones y darle confianza al otro dentro de la relación son mucho mayores.

Permiten la interacción, a través del contacto visual con la persona o con la audiencia que tienen al frente. Logran lo que llamo el «clic visual» con la pupila, que permite asentuar sus aseveraciones y conectarse sin vacilaciones. Al mismo tiempo que mantienen alto el nivel de motivación y atención de quien les escucha.

Las personas poco asertivas muestran una mirada dispersa, sin enfoque fijo, sino que parpadean con ansiedad y miran hacia arriba o hacia abajo de manera constante, sin ninguna intencionalidad en el contacto visual. Por eso se muestran inseguras y no generan suficiente confianza en el otro.

Además, la mirada vacilante o alejada, muchas veces denota desinterés y falta de valoración por el otro y por lo que dice, puesto que dirigir los ojos hacia otros puntos de enfoque pareciera decir que no les importa la comunicación ni la relación con quien tienen al frente. La conexión con los ojos es asertividad.

La cara:

Las expresiones del rostro son uno de los principales termómetros de la asertividad. Las personas asertivas hablan y reflejan en sus gestos, de manera inequívoca, cada una de las emociones y sentimientos que quieren proyectar.

Todas las partes de su rostro interactúan y acompañan sus frases, de tal manera que se ven como seres integrales, con un solo lenguaje entre lo que piensan, dicen, sienten y expresan. Con sus gestos pueden mostrar aprobación o desaprobación. Acuerdo o desacuerdo. Y quien les escucha puede saber de manera clara la intencionalidad de sus palabras.

Las personas poco asertivas parece que dicen una cosa y expresan otra. O, lo peor, a veces no expresan nada. Si se sienten felices, o tristes, desarrollan los mismos gestos. Si están furiosos o tranquilos, también. De tal manera que es difícil a veces comprenderlos y saber qué es lo que en realidad quieren decir.

Necesitan una mayor conexión de sus emociones y sentimientos con sus gestos y expresiones faciales para lograr mejor conexión. También mayor nivel de empatía para proyectarles a los demás la conexión con la conversación o el tema en cuestión. La expresión adecuada de la cara es asertividad.

El cuerpo:

Uno de los factores que más incide en el efecto de ser asertivos o no es el lenguaje corporal. Al igual que los conceptos y las frases se transmiten con afirmación y firmeza, o con debilidad, también la postura implica asertividad cuando es intencional en la actitud de firmeza, o debilidad cuando es pasiva.

Según la postura, se puede identificar el tipo de persona que eres. Los estudios sobre lenguaje corporal demuestran que las personas asertivas muestran una postura de escucha dinámica y empática. Cuentan con el balance para no ser tan avasalladores que se perciban como agresivos o invasivos. Ni tan distantes y rígidos que se vean como pasivos, negligentes y fríos.

Las posturas indican siempre algo que quieres decir con ellas. Por ejemplo:

- Cruzar los brazos: implica desinterés y estar cerrados a recibir algo del otro.
- La cabeza muy arriba, con la quijada levantada y la mirada por encima del hombro, implica arrogancia, prepotencia, altivez y falta de valoración por el otro.
- La postura escondida detrás del escritorio, la mesa de trabajo, el atril, o pegados a la pared de la presentación en video beam o tablero, implica inseguridad, timidez, falta de autoconfianza. También desinterés y desgano.
- La postura como si estuviéramos escurridos en la silla, con los hombros caídos, denota falta de interés, aburrimiento, desgano y descortesía.
- La cabeza inclinada siempre hacia un lado, utilizada la mayoría de las veces por mujeres, denota inmadurez, actitud infantil e inseguridad.
- La postura de arrinconamiento, sentados en un rincón del sofá, con los hombros caídos y la cabeza abajo, quiere decir que existen complejos de inferioridad e inseguridad.
- El dominio del cuerpo es asertividad.

Las manos:

El manejo de las manos acompaña la expresión corporal como los remos a un bote en altamar. Todo lo que decimos está acompañado de movimientos y señales con las manos. Los estudiosos del *body language* analizan cada uno de los movimientos de las manos de un personaje público, para medir el grado de asertividad y credibilidad de sus afirmaciones.

Las manos afirman o desafirman una presentación en público, o una conversación cara a cara. Una persona que se encuentra insegura o temerosa, si aprende a autorregular su emoción de miedo con el moviviento confiado de sus manos, se verá segura y tranquila, aun cuando se encuentre en medio de un completo pánico escénico.

Existen diferentes posturas de las manos para mostrar asertividad:

- Como sosteniendo una bola: muestra seguridad.
- En triángulo con los dedos cerrados: denotan firmeza.
- Con los brazos abiertos: muestra calidez y apertura al diálogo.
- Afirmando con el dedo índice: indica algo con firmeza.

Si se analiza cada una de ellas con detenimiento en un orador, o en la conversación de cualquier persona, se puede medir su nivel de asertividad. Porque el movimiento seguro, natural y determinado de las manos es un indicador fijo de los seres asertivos.

Mientras que los movimientos nerviosos de las manos, los «tics» para agarrarse de la corbata, el cabello largo, el anillo, o la nariz, con movimientos ansiosos, muestran muy poca asertividad e impiden producir confianza. Las manos generan afirmación.

Tampoco es asertivo dejar las manos fijas en algún lugar, sin moverlas. Algunos pueden hablar con las manos abajo, completamente rígidos, durante una hora o dos. Otros, pueden llevar las manos al bolsillo y mantenerlas allí todo el tiempo. Otros las pueden sostener sobre la mesa y no despegarlas de ese punto de apoyo, lo cual les quita movilidad y versatilidad.

La mejor manera de acompañar una conversación, para vernos asertivos, es con el movimiento adecuado de las manos. Saber qué hacer con las manos es asertividad.

Los elementos paralingüísticos

Existen unos factores paralingüísticos que acompañan a la expresión oral y corporal, y son definitivos en el logro de la asertividad. Los menciono en mi libro *El ABC de la comunicación efectiva*, y quiero aquí enfatizar en ellos desde la perspectiva de la competencia de la asertividad:[23]

Volumen:

Si es muy alto, sonará muy agresivo. Si es muy bajo, sonará muy pasivo. Se requiere el punto medio correcto para llegar con la suficiente intensidad, y a la vez no ser demasiado avasalladores con la voz.

En mis clases máster para el Desarrollo de habilidades y competencias avanzadas en comunicación, realizamos ejercicios interesantes para concientizar la importancia de la autorregulación del volumen. Es impresionante cómo los participantes pueden lograr ser mucho más asertivos, seguros, confiados y persuasivos, a partir del control del volumen de su voz. Ni muy alto, ni muy bajo. El balance perfecto. El control del volumen es asertividad.

Tono:

El sonido de los tonos de la voz demuestran con claridad la habilidad de ser o no ser asertivos, porque se conectan en forma directa con la emoción que se vive en el momento del mensaje, y de acuerdo al tono con que se emita, la audiencia medirá «la forma» como se expresa la persona.

Tal como dice el viejo refrán: «El tono suena, y el acento envenena». Se refiere a la forma en que se dice algo, que puede ser bien o mal recibida, de acuerdo al tono con que se diga. Por eso, muchas veces se escucha decir: «No es lo que se dice, sino cómo se dice». En estos casos, se refieren a las tonalidades con que se habla algo, que pueden afectar la conversación de manera positiva o negativa, según el tono empleado.

También el nivel del tono influye para que la persona se escuche agradable o desagradable. Un tono muy alto puede sonar tan agudo que produzca resistencia. Un tono demasiado grave puede ser un tanto agresivo e intimidante. Cuando los tonos tienden a escucharse muy agudos, proyectan timidez y emociones inhibidas. Si son muy graves, parece que mostrarán agresividad o regaños.

Manejamos los tonos de la voz para indicar ternura, palabras románticas, miedo, tristeza o euforia... También para demostrar el estado en que nos encontramos: si vamos acelerados, los tonos son breves; si estamos relajados, son alargados y fluidos. Para demostrar asertividad, el manejo de los tonos con equilibro y la voz firme, pero calmada, denota una persona que sabe expresarse con afirmación y balance a la vez. La modulación de los tonos es asertividad.

Velocidad:

La elocuencia y fluidez de una persona se miden también por la velocidad y el ritmo que le da a sus conversaciones. El manejo de pausas, entre frase y frase, muestra a una persona que afirma cada idea con el ritmo adecuado, sin acelerarse ni mostrar ansiedad por salir del escenario, o sin ser demasiado lenta que aburra y deje caer la motivación.

El síndrome de hoy, con la celeridad de las conversaciones, muestra jóvenes que hablan demasiado rápido y que, además, no vocalizan, por lo cual resulta difícil, a veces imposible, entender lo que dicen.

Es necesario manejar un adecuado ritmo que mantenga una velocidad intermedia, para no desbocar o accidentar la conversación, ni dejarla caer por lentitud. La medición de la velocidad es asertividad.[24]

EJERCICIO

Practica estas dinámicas para tu inteligencia emocional:

A) Autoconocimiento.

Escribe en tus notas:

1. ¿Cuáles son mis sueños, aspiraciones y proyectos?
2. ¿Qué sentimientos predominan en mí?
3. ¿Cuáles son mis cualidades, gustos y preferencias?
4. ¿Cuáles son mis defectos, complejos y obsesiones?
5. ¿Expresiones que he dicho y de las que me haya arrepentido?
6. ¿Qué sentido le doy a mis relaciones con los demás?

Relee tus respuestas y analiza estos factores:

- ¿De qué cosas nuevas te das cuenta hoy?
- ¿Qué aspectos quieres que permanezcan?
- ¿Cuáles deseas cambiar?
- ¿Qué vas a hacer para que cambien?

B) Autorregulación.

1. Darse cuenta y reconocer la emoción.
2. Permitirnos sentir de esa forma.
3. Fijarnos en qué pensamos y cómo entendemos la situación.
4. Decidir qué hacer con la emoción.

Lleva un diario emocional

Fecha	Hora	Situación	¿Qué he sentido?	¿Qué he pensado?	¿Cómo he reaccionado?	Resultado obtenido

Formúlate las preguntas:

1. ¿Qué aprendizajes obtienes del resultado?
2. ¿Qué quieres cambiar?
3. ¿Qué vas a hacer para cambiarlo?

SEGUNDA PARTE

DESPUÉS DE TODO ESTE ANÁLISIS DE NUESTRO SER, DESDE LA inteligencia emocional, y el dominio propio, entendemos con claridad que todos necesitamos mejorar los hábitos para la salud de nuestra Comunicación Interpersonal.

En esta segunda parte del libro, comenzaremos a analizar una a una las 21 Claves para ser asertivos. Con ellas conseguirás una jornada de cambio y transformación, que te permitirá abolir esos malos hábitos que te impiden relacionarte bien y afectan tu salud física y emocional.

Después de desarrollar tus buenos hábitos comunicacionales, comenzarás a notar cambios determinantes en tus relaciones con la gente que te rodeas en tu zona de influencia. Inicia aquí tu apropiación de los nuevos hábitos, y logra ser mucho más libre, asertivo y feliz.

LAS 21 CLAVES
PARA SER ASERTIVOS

Convierte en hábitos de comunicación saludable estas 21 claves. Te ayudarán a desarrollar la transformación de tu forma de comunicarte, desde el ser, con inteligencia emocional y dominio propio. Domina tus emociones y mejora tus relaciones.

1. **Proponer:** Dejar de ser negativo y ser más propositivo

2. **Afirmar:** Expresar tus sentimientos con afirmaciones

3. **Desbloquear:** Dejar la envidia que bloquea y minimiza

4. **Liberar:** Detectar y erradicar el rencor que afecta demasiado

5. **Fluir:** Vivir dispuesto a perdonar para descargarte y fluir

6. **Delimitar:** Saber tratar y ponerle límite a la gente tóxica que te hace daño

7. **No ser reactivo:** Saber manejar personas difíciles en la casa y la empresa

8. **No depender:** Dejar la dependencia emocional que lleva a la anulación

9. **Declarar:** Maximixar el verdadero poder de tus palabras

10. **Motivar:** Mantener la automotivación regulada y el ánimo resuelto

11. **Descansar:** Saber manejar las preocupaciones que quitan el sueño

12. **Salir de la zona de confort:** Emprender en vez de procrastinar

13. **Plantarse:** Controlar el miedo y el pánico que te paralizan

14. **Disfrutar:** Dejar de quejarte tanto y dar GRACIAS para ser feliz

15. **Resolver:** Evitar las peleas y saber solucionar los conflictos

16. **Soportar:** Desarrollar el hábito de controlar la ira y el enojo

17. **Ser optimista:** Dejar de ser pesimista y pasarte al lado de los optimistas

18. **Dejar la ansiedad:** Manejar la angustia que produce el exceso de futuro

19. **Dejar de mirar atrás:** No quedarte deprimido en el exceso de pasado

20. **Enfocarte:** Eliminar los distractores de tu propósito

21. **Afianzar tu fe:** ¡Todo es posible, si puedes creer!

Proponer: dejar de ser negativo y ser más propositivo

HABLAR DE MANERA PROPOSITIVA IMPLICA APORTAR PROPUESTAS e iniciativas con eficacia. Con afirmaciones efectivas que generen valor y motiven hacia el emprendimiento, no solo en el presente, sino también en el futuro, con proyección hacia el avance, no hacia el bloqueo.

Tu comunicación es propositiva cuando muestras una postura analítica al hablar, evalúas de manera crítica los sucesos, generas soluciones a los problemas y piensas alternativas para actuar. Le apuntas a la acción, como consecuencia de una sana reflexión y, como resultado, logras conclusiones que siempre generan valor. No eres nada pasivo, y tampoco te agrada ser negativo. Cuando hablas de una situación puntual, tus propuestas y opiniones buscan ayudar a lograr cambios y soluciones efectivas.

Por el contrario, si no eres propositivo mantienes una forma de hablar con tendencia hacia lo negativo, y llegas al punto de bloquear tus relaciones interpersonales, profesionales y de negocios. Como si interpusieras una muralla infranqueable entre tú y las personas a tu alrededor, que te impide pasar al lado de la asertividad.

Las palabras de resistencia, oposición, fracaso, desaprobación, dificultad, queja, inconformismo, crítica, desprecio, mal genio y conflicto permanente, el negativismo constante, imposibilitan cualquier solución y son todo lo opuesto al lenguaje propositivo.

Lo peor es que se convierten en un hábito y, al final, en una terrible postura negativa ante la vida, que termina por afectar cada una de las situaciones de tu día a día y todo el ambiente. Porque así como el positivismo se contagia, el negativismo también... ¡Y hasta más!

La comunicación negativa llega incluso a autoboicotear tus propias metas, esperanzas y sueños. La metodología de la Nueva Comunicación Inteligente (NCI) que propongo se fundamenta en un cambio estructural desde el ser. Para lograrlo, puedes iniciar con estas tres acciones básicas:

1. Reconoce el negativismo como un vicio fatal de tu comunicación:

Para iniciar la salida de cualquier vicio, lo primero que debes hacer es reconocerlo. Así lo enseñan todos los programas para el tratamiento de adicciones. Si no llegas al acto del reconocimiento, jamás podrás salir del círculo vicioso que te acompaña y te atrapa. Lo mismo sucede con los malos hábitos comunicativos.

Para salir del vicio de hablar en forma negativa siempre, es necesario entrar por una puerta angosta y no fácil, pero que te conduce a la salida más confiable y segura: reconocer el daño que te causa a ti mismo y a los demás a tu alrededor.

Se trata de un acto de reconocimiento profundo y sincero que te conduce, como resultado indefectible, a la necesidad interior real de cambiar. Reconocer que el negativismo afecta tu relación con las personas que más amas, con la gente que trabajas en equipo, con los amigos e incluso contigo mismo, es un acto de valentía que no puedes aplazar, ni delegar, ni abandonar en el intento, si de verdad quieres comunicarte en forma asertiva.

Nadie que desee de verdad ser asertivo persiste de manera obstinada en su inclinación hacia el negativismo como escenario de su comunicación. Debe llegar a un punto de quiebre interior para ir al próximo paso definitivo.

2. Toma la valiente decisión de cambiar el hábito de ser negativo, para salir del estancamiento en tus relaciones y negocios:

Sin duda, un cambio de hábitos requiere, después del acto de reconocimiento, pasar a la acción. Para lograrlo es necesario tomar, con suficiente humildad y coraje a la vez, la decisión de asumir la responsabilidad de tu forma de hablar y conversar. Solo así será factible llevarla a otro escenario más positivo y propositivo. Que no bloquee, ni deje un cierto sabor fastidioso, sino que permita fluir y refrescar la vida de los demás y la tuya propia desde la perspectiva de las afirmaciones positivas.

La decisión de cambiar tu forma de comunicarte implica reconocer cuál es tu estilo de expresiones para comenzar a eliminar por completo esas sentencias negativas. Así podrás comenzar a elegir cuáles son las frases positivas y propositivas que dirás de ahora en adelante. Será un cambio extremo en tu comunicación. De la negatividad a la asertividad.

Es importante aclarar aquí, para no darle espacio a los comentarios negativos, siempre rápidos y ligeros, que dejar de ser negativo, no implica decir a todo que sí, sin criterio ni capacidad de afirmar tu opinión en cuanto a lo que te desagrada o con lo que no estás de acuerdo. No.

Ser asertivo implica contar con el equilibrio y balance suficientes para saber decir sí o no. Se vale decir que no, pero de la manera adecuada y siempre desde el lado constructivo, edificante, transformador y empático. No desde el lado de lo frustrante, destructivo y antipático.

Ser positivo en tu comunicación implica realizar afirmaciones con nuevas propuestas de valor, que busquen siempre agregar y mejorar, no disminuir y empeorar. Al fin y al cabo, la asertividad es una virtud del ser que, aplicada a las competencias comunicativas, permite el justo balance entre ser firme y positivo a la vez. Hablar con autoridad y calidez al mismo tiempo. De eso se trata la Nueva Comunicación Inteligente.

Ser positivo es una fortaleza, no una debilidad. Pero los falsos paradigmas y creencias erróneas nos han llevado a asumir que para ser firme y generar «credibilidad», hay que ser negativo, arrogante, bloqueador, autoritario y detestable.

La Nueva Comunicación Inteligente o NCI invita siempre a asumir la forma de comunicarse desde lo propositivo, como un estilo de vida que permite la transformación de las personas y de las culturas. Claro que sí se puede.

3. Empieza a incluir palabras positivas en tus conversaciones:

Los informes empresariales, por lo general incluyen un mensaje con tendencia hacia lo negativo. Mi propuesta como mentora es lograr una transformación, con un cambio determinante, que lleve a los profesionales a enfocarse en las soluciones, y no en los problemas. Es necesario apuntar a las oportunidades de mejora. Para ello se requiere un cambio del lenguaje, hacia lo positivo y no lo conflictivo.

Por lo general, las presentaciones en las salas de juntas comienzan y se extienden hacia la problemática y las debilidades de la entidad o del área. Con la metodología de la NCI logramos un cambio estructural al llevar a los líderes a realizar conversaciones desde las oportunidades de mejora. Eso cambia todo.

De esa misma manera debe ser en las conversaciones personales. En mi relación con mis hijos, Daniel y Ángela, aplico día a día el ejercicio de hablarles desde lo positivo, y no desde lo negativo. Eso me ha permitido edificarlos como personas con una mentalidad y un corazón sanos, libres, y con una sabiduría y madurez emocional que impactan a las personas que los conocen.

Si le dices a tu hija con un grito: «¡Tú siempre eres una desordenada!... ¡Arregla esa porquería de cuarto que es un completo desastre, parece un basurero de marranos!», su respuesta sera de resistencia total. En cambio, si la motivas con una frase como: «¡Hija!... ¡Si ordenas tu cuarto, te verás mucho mejor!... ¡Haz del orden parte de tu maquillaje!... Además, te sentirás más feliz», y después le brindas una sonrisa amable, su respuesta indefectible será la de organizarse, por dentro y por fuera.

Para identificar tu grado de negativismo, puedes basarte en el análisis de las características de las personas negativas y realizar un chequeo de la lista de indicadores para saber en cuáles te identificas. Aquí te daré algunas de ellas.

Las personas negativas se caracterizan por dar respuestas que bloquean los planes o proyectos de los demás con comentarios que generan resistencia.

Entre los indicadores más evidentes de la comunicación negativa se encuentran:

- Cada frase la comienzan o terminan con un **no**: «No me parece», «No creo que es posible», «No es tan fácil», «No quedará bien», «No es así...», «No creo», «Pues... no», «Honestamente... no».
- Las oportunidades las miran como calamidades. Por eso su negativismo y pesimismo siempre van de la mano.
- Sus respuestas tienden a encontrar el problema y no la solución ante cualquier propuesta o planteamiento.

- Acaban con el ánimo de los otros y tienden a ridiculizar el positivismo de los entusiastas hasta anular su deseo de aportar.

Para cambiar la comunicación negativa en positiva puedes dar pasos firmes en el lenguaje del día a día, que mostrarán tu mejoramiento continuo como persona asertiva:

Paso # 1. Comienza desde la frase positiva, no desde la negativa:

En vez de decirle a tu esposo(a): «¡Tú nunca me invitas al cine!», puedes decir: «¡Si fuéramos al cine sería genial!».

En vez de decirle a tu amigo(a): «Tú siempre me ignoras», puedes decir: «Me encantaría que me escucharas».

Podrás ver el efecto motivador inmediato en ellos.

Paso # 2. Rompe el paradigma:

Entiende que sí se puede ser firme, directo y con autoridad desde la comunicación positiva. No digas más: «Es que yo soy así; no tengo pelos en la lengua», como si ser negativo fuera sinónimo de sinceridad o valentía. El negativismo, muchas veces colinda con la grosería. La comunicación asertiva es saber decir las cosas, pero de la manera correcta y en el momento adecuado. Recuerda que muchas veces no es solo lo que dices, sino la forma en que lo dices.

Paso # 3. Dale un giro total a tu mensaje:

Comienza siempre tus mensajes, hablados o escritos, desde el lado positivo, no desde el negativo. Si se trata de un correo, no comiences con frases como: «No podemos continuar con resultados deficientes...». Di mejor: «Para mejorar los resultados vamos a...».

Paso # 4. Utiliza la «y» en vez del «pero»:

Elimina de tus contenidos el síndrome de utilzar el «pero...» para todo. Comienza a cambiarlo por una flamante «y». Es decir, en vez de decir: «Estamos felices, pero necesitamos cambiar algunas cosas», puedes decir»: Estamos felices, y vamos a continuar mejor cada día».

Paso # 5. Enfócate en la virtud, no en el defecto:

Para poder aplaudir a los demás y darles ánimo es necesario enfocarse en lo que hicieron bien, no en lo malo. Si hay alguna virtud, algo digno de alabar, en eso te debes enfocar. La comunicación positiva se basa en el principio fundamental por excelencia: el amor.

Acepta el reto de transformar tus expresiones negativas en positivas y comenzarás a vivir el éxito por medio de una **comunicación saludable**.

EJERCICIO

Desarrolla este ejercicio para tu comunicación propositiva.

Parte 1:

Incluye, como mínimo tres veces al día, palabras edificantes dentro de tu lenguaje. Como si fuera una comida sana y rica en nutrientes que le dará energía y vida a tu organismo.

Puedes comenzar por palabras descriptivas. En vez de decir: «Qué día tan horrible» di «Hoy es un día especial». A medida que avances, puedes cambiar el «pero» por la «y». En vez de decir: «Está bien la comida, pero le falta pimienta», mejor decir: «Está bien la comida, y con pimienta sería mucho mejor».

Parte 2:

Escribe las diez frases negativas que más utilizas. Por ejemplo: «Qué pereza realizar esto...», «Tú nunca me atiendes», «Este vestido es una porquería», «Hoy estoy horrible», «Este país va de mal en peor».

Ahora escribe la forma positiva en que podrías referirte a cada una de esas situaciones de tu día a día.

En veintiún días escribe los tres cambios principales que comenzaste a notar en las personas en tu área de influencia, con tu transformación de lo negativo en positivo.

Persiste en el ejercicio mes a mes. Y escribe cada veintiún días las oportunidades de mejora que notes, para continuar tu crecimiento en esta clave.

¡Disfruta la diferencia!

Afirmar: expresar tus sentimientos con afirmaciones

DECIR LO QUE SENTIMOS, SENTIR LO QUE DECIMOS, ES DECIR hacer concordar las palabras con la vida, es una frase muy conocida del famoso filósofo Séneca. (OK)

Expresar tus sentimientos es una de las formas más difíciles de comunicación. Por lo general, lo evitas, prefieres quedarte callado, tratas de disimularlos, cambias el tema, buscas un distractor, o muestras otra cara de la situación, para no tener que confrontar la realidad de tu ser interior ante los otros.

¿Cómo poder expresar tus sentimientos ante el prójimo, el otro? Puede ser la persona que más amas, los amigos, la familia, tu comunidad de influencia o aquellos con quienes debes interactuar día a día, quieras o no, en el trabajo, el estudio o tus negocios.

Es tan común este problema de no saber cómo expresar los sentimientos en medio de la comunicación interpersonal, que la mayoría de la gente se ha vuelto experta en ocultarlos, y esto se ha convertido en un hábito comunicacional enfermizo y tóxico. Sin darse cuenta, comienzan a brotar en su interior raíces de amargura que les estorban y contaminan a muchos a su alrededor.

Para evitar expresar los sentimientos, las personas utilizan fórmulas como:

- Fingir otras emociones de dicha, tranquilidad o seguridad, aun si por dentro están tristes, angustiados o temerosos.
- Aguantar el dolor de una herida emocional por maltrato, ofensa, con tal de no perder el afecto de la otra persona.
- Ocultar el disgusto para evitar confrontaciones.
- No decir te amo, te reconozco, te admiro o te agradezco, para no parecer ridículo.
- No sonreír o mostrar la alegría para no perder la autoridad y el respeto.

Cuatro pasos para empezar a expresar tus sentimientos con asertividad

Es de suma importancia cambiar tu hábito de ocultar lo que sientes, para adquirir una comunicación saludable. Por eso quiero ayudarte a empezar el cambio con los cuatro pasos para expresar tus sentimientos de una manera efectiva:

Paso # 1. Valora lo que sientes:

Acepta tu necesidad de expresar tus sentimientos, valóralos y reconócelos como parte de tu comunicación saludable, ya sean positivos o negativos. En cualquiera de los dos casos, puedes aceptar tus emociones y expresar tus sentimientos con libertad y sin complejos, si lo entiendes como parte valiosa de tu conformación interior como persona. El diseño de Dios incluye la maravillosa necesidad de expresar tus sentimientos de manera asertiva, con una comunicación saludable.

Paso # 2, Entiende las señales:

El cuerpo recibe desde el cerebro las señales de tus sentimientos. Por esa razón se habla de «somatizar» las emociones. Es necesario que atiendas a esas señales. Al expresar de manera asertiva tus sentimientos, puedes ver cómo todo tu ser descansa y se recupera.

Los espacios de reflexión e intimidad, como la oración y la meditación en las Escrituras, te traen alegría, paz y libertad interior, que se reflejan en tu proyección externa. Eres realmente dichoso cuando te deleitas en ellas, y vives como un árbol plantado a la orilla de un río que, cuando llega su tiempo, da fruto, sus hojas jamás se marchitan, y ¡todo cuanto haces prospera! Incluso tus expresiones y relaciones.

Paso # 3. Llama a cada sentimiento por su nombre:

Cuando tomas la decisión de expresar tus sentimientos, debes encontrar las palabras que los describen en forma exacta. Si algo te molesta, no lo expreses solo con palabras muy generales como: «Me siento mal», y nada más. Tampoco te limites a una comunicación no verbal negativa, con gestos rígidos y fruncidos. Es mejor si defines cada sentimiento por su nombre y dices: «Me siento desmotivado y desanimado». De esa manera, no solo te vas a sentir mucho mejor al expresar lo que sientes con asertividad, sino que la otra persona podrá entender bien lo que te sucede, y esto mejorará de manera sustancial la relación, y la comunicación interpersonal podrá ser mucho más empática.

Paso # 4. No emitas juicios del otro:

Cuando le vas a expresar tus sentimientos a alguien, concéntrate bien para evitar emitir juicios acerca de lo que el otro realiza bien o mal. Enfócate en lo que tú sientes y trata de ser lo más honesto y moderado posible al expresarlo. No digas: «Es que tu siempre me dejas de últimas y por eso yo me siento mal».

Mejor puedes decir: «Me siento triste y desmotivado cuando ocupo el último lugar».

Recuerda que es necesario ser específico, claro y transparente al expresar tus sentimientos. De esa manera lograrás una comunicación saludable y podrás ser una persona más libre, realizada y feliz.

EJERCICIO

Realiza esta reflexión sobre la forma en que te comunicas con los demás.

Piensa en la forma en que te comunicas en los distintos contextos de tu vida, como la familia, el trabajo, los amigos...

1. Enumera tres momentos del día en los que hayas comunicado una idea importante.
2. Reflexiona sobre el mensaje que deseabas transmitir.
3. Analiza cuál fue el mensaje transmitido.
4. Reconoce el efecto de tu mensaje en el receptor.

Ahora responde a las siguientes preguntas:

1. ¿Qué transmite tu comunicación?
2. ¿Cómo quieres que te recuerden?
3. ¿Qué cambios necesitas realizar, como oportunidad de mejora continua?

Clave # 3

Desbloquear: dejar la envidia que bloquea y minimiza

«La envidia es una declaración de inferioridad»[1].
Es una de las declaraciones más célebres
de Napoleón Bonaparte,

PARA SABER CÓMO TRATAR CON LA ENVIDIA DEBES VERLA COMO un sentimiento en extremo negativo. La «envidia de la buena» no existe. El deseo de los bienes, capacidades o éxitos que la otra persona posee, nunca produce nada bueno.

El proceso de saber cómo tratar con la envidia se inicia con el diagnóstico de un sentimiento de dolor, desdicha, frustración, ira o enojo por no lograr ser lo que el otro es, o poseer o realizar lo que el otro ha conseguido o hecho.

La envidia es desear ese «algo» que «alguien» posee. Un mal que ha acompañado a la historia del ser humano y le ha producido serios daños a su capacidad de disfrutar sus propios logros.

El concepto de la envidia está mal aprendido. Se ha llegado al punto de confundirla con la admiración. Por eso cuando alguien posee una buena salud, virtud o don especial, se dice que es «envidiable».

La envidia en las redes sociales

El noventa porciento de los conflictos en la comunicación inter-personal se producen por no contar con sabiduría e inteligencia emocional para saber cómo tratar con la envidia. La historia cuen-ta que, por envidia, Caín mató a su hermano Abel; el rey Saúl per-siguió y quiso matar a David; los hermanos de José lo detestaban e intentaron matarlo...; y, también por envidia, los líderes de la época llevaron como ladrón a Jesús, el hijo de Dios, a la pena de muerte en la cruz.

En la actualidad, la misma envidia se mueve en el mundo de las relaciones y la comunicación, sea real o virtual. En el caso de las redes sociales, la envidia se pasea rampante, por el enojo que producen los éxitos publicados por «alguien» con muchos segui-dores y los ansiados «me gusta» (*likes*) en los comentarios. Por envidia en la comunicación *online* se ha llegado al acoso virtual.

Para saber cómo tratar la envidia simulada en las redes es nece-sario empezar a detectarla con cautela. Porque miles se muestran como «amigos», con la intención de dañar tu imagen, enviarte mensajes subliminales, emularte y robar tus ideas o conceptos de manera flagrante y descarada.

La envidia en tu propia comunicación

Si quieres saber cómo tratar con la envidia en tu propia comuni-cación, empieza a detectar sus causas más frecuentes como:

- Baja autoestima: insatisfacción contigo mismo.
- Egocentrismo: adicción a ser el centro de atención. Orgullo y arrogancia.
- Tendencia a la manipulación: búsqueda de control.

El asunto de cómo tratar con la envidia implica también entender sus efectos más nocivos en tu comunicación. Porque llega a ser una enfermedad emocional que te produce trastornos físicos, imposibilidad de gozar la vida, resentimiento constante, rencor, deseos de que al otro le vaya mal, deseos de privarlo de ese «algo» que posee, falta de autenticidad por imitar, amargura contaminante, chisme, murmuración y mentiras sobre la persona a quien se envidia, para bajarla de nivel.

Además, te genera un estado de tristeza, soledad, desprecio, inferioridad, frustración y distanciamiento de la gente, porque es un terreno disfuncional. Siempre deseas ser mejor que «alguien», hasta querer arruinar su posición de ventaja o «superioridad».

Siete pasos para comunicarte sin envidia:

1. Asúmela como un sentimiento negativo y dañino.
2. Reconoce en qué momentos y con quién experimentas envidia.
3. Comienza a celebrar los éxitos del otro, sin criticarlo.
4. Ten calma y no sufras ni sientas ira por los logros de ese «alguien».
5. Apréciate y valórate a ti mismo, sin competir, rivalizar, compararte, ni copiar a nadie.
6. Espera tus propios éxitos con confianza en el amor de Dios. Si no lo sientes, abre hoy tu corazón para empezarlo a vivir.
7. Enfócate en todo lo bueno, amable, interesante, talentoso, virtuoso, que te hace único y con lo que puedes servir a los demás. ¡Y avanza por lo tuyo!

Cuando eres tú quien produce la envidia

Puede ser que te encuentres en el caso contrario y que, aunque no sientas envidia, seas tú quien la produce y la despierta en los demás. Así como le sucedió a Abel, José, David, y al mismo Jesús. Así como les pasa a los que logran éxito y cuentan con cierto carisma especial, belleza, riqueza o inteligencia notable, que los vuelve envidiables y los lleva a sufrir el acoso permanente de los envidiosos con baja autoestima.

En ese caso, mi sugerencia es: mantén claros a los envidiosos, descúbrelos, identifícalos rápido, sin dejarte volver un resentido por sus exasperantes artimañas.

Los siete «no» que debes declarar cuando eres tú el envidiado:

1. No contaré mis sueños y proyectos. Seré sabio y prudente para no exponerme demasiado.
2. No dejaré que me manipulen con el desprecio los envidiosos.
3. No permitiré que me dañen el corazón con su aspaviento, agresión o simulación verbal. Guardaré mi corazón para mantenerlo sano en la vida.
4. No creeré las mentiras que dicen de mí, porque me valoro y se quién soy. Los perdono, dejo mi causa en las manos de Dios.
5. No les daré interlocución a los envidiosos que me quieren controlar y hacer daño.
6. No caeré en la trampa de la falsa superioridad de quien me quiere humillar por envidia. Mantendré la humildad como valor, a toda costa.
7. No me dejaré exasperar ni enfurecer cuando me traten de emular o copiar. Si me imitan es porque soy bueno y hago las cosas bien. Sé que tengo mucho más para dar.

Sobre cómo se presenta la envidia

El sentimiento de envidia aparece acompañado de cierto malestar, tristeza o rabia por el deseo de tener o hacer algo que el otro posee. Puede ser leve y «normal», pero también se puede convertir en una constante que daña todas las relaciones, por la rivalidad y competencia que produce e impide disfrutar la socialización con las personas, con libertad. Es entonces cuando puede ser destructiva.

La persona envidiosa siempre se compara con los otros y le cuesta trabajo agradecer por lo que tiene o ha logrado, porque se fija tanto en lo que ellos poseen o consiguen, que le cuesta trabajo valorar y disfrutar sus propios resultados en la vida. En eso se diferencia la envidia de los celos, porque estos consisten más en una respuesta ante la amenaza de perder algo que ya se posee, mientras que la envidia lleva consigo la furia o el dolor por algo que no se tiene y se desea con ansias.

A la gente que padece de envidia le cuesta más trabajo ser asertiva, porque se expresa por medio de ese fatal antivalor que afecta su forma de comunciarse y, por lo general, desarrolla conversaciones con matices de problemas comunicativos, que le impiden fluir desde un corazón saludable. La envidia es uno de los sentimientos más insanos y uno de los peores hábitos de la comunicación interpersonal.

Por supuesto, el efecto más desfavorable del sentimiento de envidia es que arruina todas las relaciones y llega a ser peligrosa, porque puede llevar incluso a querer dañar a alguien para impedir que prospere en sus triunfos. La envidia no soporta el éxito del otro y es un detonante de la maldad. Un corazón con envidia es dañino, tanto para la persona que la experimenta, como para los que son objeto de su envidia.

En el ámbito profesional, dentro de las empresas y organizaciones, es muy frecuente la aparición de personas con envidia, cuyos móviles tienen siempre tendencias hacia la competencia no sana, los comentarios fuera de lugar y las acciones que generan conflicto de los equipos de trabajo y afectan el clima organizacional.

Por eso es necesario concientizar, tanto en la casa como en la empresa, el valor de la colaboración y el trabajo en equipo, para celebrar los logros del otro y alegrarse cuando le va bien o consigue algo, incluso mejor que lo nuestro.

Sin duda, no se puede ser feliz y envidioso al mismo tiempo. La persona sin envidia transmite felicidad, libertad, alegría y paz interior. Además, muestra su afecto de manera sincera, espontánea y sin fingimientos. No manipula para conseguir lo que el otro tiene, ni agrede con furia cuando logra éxitos, sino que los aplaude y los celebra de corazón, como si fueran propios.

La ausencia de envidias permite el deleite total del corazón, pero la permanencia de ese sentimiento malsano produce desasosiego, intranquilidad, entre otras muchas señales nocivas de ansiedad. El rey David llegó a decir con asertividad: «No te irrites a causa de los impíos ni envidies a los que cometen injusticias [...] deléitate en el SEÑOR, y él te concederá los deseos de tu corazón».[2]

La inevitable historia de la serpiente y la luciérnaga

Aun en los cuentos populares, la envidia es también protagonista. Como en la famosa historia de la serpiente y la luciérnaga, que es inevitable contarla en este espacio, porque confirma lo dicho y además nos llama la atención acerca de la definición del carácter de la persona envidiosa y sus móviles para actuar.

Cuenta la historia que una serpiente perseguía con avidez a una luciérnaga, y que esta huía desesperada sin entender por qué se la quería comer. Ya cansada, la luciérnaga le hizo tres preguntas a la serpiente:

–¿Yo pertenezco a tu cadena alimenticia?...

La serpiente respondió:

–No.

–¿Yo te hice algún mal?

–No.

–Entonces, ¿por qué me quieres comer?

–¡Porque no soporto verte brillar!

Lo peor que le puede suceder a un envidioso es ver el éxito del otro. No lo soporta. Lo ve como una superioridad que se le convierte en terrible amenaza para sus complejos de inferioridad, y buscará siempre la forma de impedirle su vuelo para que no brille más.

La envidia es el factor más potente para destruir sentimientos

La envidia destruye los sentimientos y lenguajes sanos y necesarios en las relaciones, como el afecto, la ternura, el cariño, la gentileza, la cordialidad, el agradecimiento y el amar al otro en general. No se puede amar a quien se envidia. En la descripción acerca del amor, Pablo le dijo a los Corintios: «El amor es paciente, es bondadoso. El amor no es envidioso ni jactancioso ni orgulloso».[3] Es claro y contundente: donde existe envidia, no hay amor.

Además del daño que puede causar a las relaciones, el sentimiento que experimenta la persona envidiosa, quien desea con intensidad lo que el otro posee, termina por bloquear la posibilidad de disfrutar y valorar sus propias virtudes, bienes y talentos.

El principal problema está en que el envidioso no solo guarda sentimientos de enojo en contra de aquel que puede gozar de lo que él desea, sino que además siente deseos de quitárselo o destruírselo de alguna forma. Es un sentimiento insaciable, guardado en el interior, que nunca se satisface por completo y por eso siempre busca a alguien más a quien envidiar.

Las frases y posturas típicas de la gente con envidia son:

Sarcasmos: son frases mordaces de burla, con ironías y críticas, que se lanzan de manera directa o indirecta. Los envidiosos las utilizan cuando quieren ser ofensivos, en tono de humor. Por ejemplo, si la amiga se ve muy linda con su traje, sus comentarios son: «Parece que no les alcanzó la tela para tu vestido, porque está bien corto, ¿verdad?», y después pueden soltar una risa o quedarse serios. Se conocen como la forma más baja de humor, con la más alta expresión de ingenio.

Indirectas: acuden a ellas porque no quieren bajarle el ánimo al otro de manera directa, o no se atreven, y prefieren lanzar comentarios abiertos, o dirigidos a otro, pero que «le caigan» a la persona que envidian. Por ejemplo, si sienten envidia por el auto costoso que compró el amigo, le dicen al que está al lado: «¡Ja! A mi papá nunca le gustó gastar el dinero en objetos suntuarios, siempre decía que era mejor ahorrar para asuntos mejores».

Simulación: este tipo de personas son expertas en fingir ser amables, cariñosas y dulces, pero llevan el veneno de la envidia simulado en sus frases. Entonces pueden llegar a insultar sin que la persona se dé por enterada o se sienta aludida, y hasta termine por agradecerle su amable «cortesía». Son del perfil de los manipuladores pasivos, que atacan sin que nadie se entere, y después se lavan las manos para intentar quitarse la culpa de encima. Por ejemplo: si el amigo obtiene un logro muy alto en su trabajo, y lo quiere hacer sentir como un ridículo, poco serio, le dicen: «¡Felicitaciones! ¡Bien hecho!... ¿Y qué te dijo el jefe acerca de la forma de ser tan chistosa que te caracteriza?».

Competencia desleal: la gente envidiosa, no sabe competir de manera sana, sino siempre desleal. Busca la manera de robarle las ideas y conceptos al otro y los muestra como propios, le quita los clientes, le daña las relaciones con la gente que le aprecia, a punta

de comentarios mal intencionados. Hace campañas de despresti-
gio y siempre busca copiarlo, para que nunca brille, sino ser él, o
ella, quien brilla primero, aunque tenga que plagiar sus ideas en
forma mediocre y descarada.

Emite comentarios como: «¿Y tú, dónde estabas? ¿Qué anda-
bas haciendo cuando todos estábamos trabajando tan juiciosos y
dedicados en nuestro equipo?».

Crítica: otra forma no sana de comunicación del envidioso son
las críticas destructivas. Puesto que no soportan los éxitos del otro,
encuentran siempre la manera de emitir comentarios acerca de
algún defecto o problema que puede causar ese logro. Por ejemplo, si la persona se va a vivir a un país en el extranjero y consigue
un título prestigioso en una Universidad, el envidioso comenta:
«Bueno, pero la verdad, ese país no es tan bello, y de "esa" Universidad me han hecho algunos comentarios de su falta de seriedad
últimamente. Pero donde yo estudié, el prestigio aumenta cada día
más, ¡es impresionante!». De esa manera, logran bajarle el nivel al
logro del otro.

Chismes: los chismosos, por lo general, son movidos por la
envidia y los celos. Emiten comentarios o cuentan «noticias» que
no pueden ser confirmadas, pero que se convierten en un rumor
entre la gente, por supuesto siempre con un propósito negativo
de hacer daño y maltratar al envidiado, a quien no soportan. Esos
chismes son tan peligrosos que pueden acabar con la honra y la
dignidad de una persona, porque van de boca en boca y pueden
formar un incendio con una pequeña chispa. En algunos casos, lo
simulan como si fueran comentarios sanos: «A mí no es que me
guste llevarme créditos, ni mucho menos hablar mal de nadie
pero...», y sueltan el chisme que aumenta su falso prestigio y acaba
con la verdadera buena imagen del otro.

Algunos de los muchos efectos nocivos y perjudiciales de la envidia

La envidia «de la buena», como algunos suelen llamarla cuando envidian a alguien por lo que tiene o hace, no existe. Aunque sea menos destructiva y corrosiva, nunca es buena ni sana. Cualquier relación basada en un lenguaje envidioso está viciada y contaminada. Por eso se convierte en tóxica, y la comunicación utilizada no es nada asertiva.

Son muchos los efectos nocivos y perjudiciales de la envidia para la salud de las relaciones interpersonales y de la persona en sí misma. Uno de los primeros síntomas por los que se empieza a conocer el malestar de la envidia es porque el corazón no sano de la persona envidiosa afecta todo su organismo interno y la lleva a convertirse en un ser quejumbroso y maltrecho.

Salomón lo describe en Proverbios con sabiduría: «El corazón apacible es vida de la carne; mas la envidia es carcoma de los huesos».[4] Es decir, que el envidioso siente cómo se afectan no solo sus emociones, sino también su cuerpo, y se vuelve una persona retorcida por su propia envidia. Aunque este proverbio habla en sentido figurado, también muchas veces es literal, porque la envidia puede llegar a afectar los huesos y las articulaciones en forma sicosomática.

Además, la envidia produce agotamiento y desgaste, como un distractor del enfoque que impide la concentración, porque consume los pensamientos y distorsiona la personalidad. Con razón los grandes pensadores le han dedicado espacio a la reflexión sobre este poderoso enemigo de las relaciones humanas. El gran escritor clásico español, Miguel de Cervantes Saavedra, autor de *El Quijote*, dijo en su obra cumbre de la literatura castellana: «¡Oh, envidia, raíz de infinitos males y carcoma de las virtudes!».[5]

Por su parte, Johann Wolfgang von Goethe, el escritor, científico, filósofo y político alemán, famoso por su obra cumbre, *Fausto*, señaló que había un solo paso entre la envidia y el odio.

«La envidia es el homenaje que la mediocridad le rinde al talento», dijo Jackson Brown, autor estadounidense, *bestseller* # 1 del *New York Times*.[6]

«En cuanto el hombre abandona la envidia, empieza a prepararse para entrar en el camino de la dicha», dijo el poeta estadounidense, Wallace Stevens, Premio Pulitzer de periodismo, egresado de la Universidad de Harvard.[7]

Cómo impedir que la envidia afecte tu asertividad:

- Vive con intencionalidad. No trates de conseguir el éxito de otros. Piensa en cuál es el propósito de Dios contigo y enfócate en esa meta con intencionalidad clara y determinada. Entonces dejarás de mirar hacia el campo del otro e invertirás la energía necesaria para tus objetivos.
- No idealices a los demás. Piensa que, aunque muestran éxito en ciertas áreas, también viven con falencias en otras, cuentan con dificultades y necesidades. Asume que nadie es perfecto. Además, aunque lo fueran, no tienen por qué afectarte, si asumes con claridad para dónde vas y quién eres como creación perfecta de Dios.
- No mantengas la mirada en las posesiones del otro. Aunque te parezcan grandiosas, tú puedes conseguir tus pertenencias con éxito, libre de envidias malsanas. Piensa que tu vida no depende de esas personas. Obtén tus triunfos, deja de compararte con ellos, porque se te puede volver tu día a día muy ansioso y obsesivo.
- Agradece por todas las habilidades y capacidades con que cuentas. Dale siempre pasión y ánimo a tu empoderamiento y desarrollo personal. Busca darle tiempo al mejoramiento continuo para tu propio proyecto, de esa manera no perderás tiempo al envidiar el de otros.
- Relaciónate con gente agradecida y feliz, que no vive en la queja y la comparación con otros, capaz de celebrar tus triunfos y no humillarte con los suyos para producirte

malestar. Busca gente a la que puedas decirle frases amables cada día.

- Busca las soluciones a los impedimentos cuando te sientas limitado e incapaz de lograr tus metas. Cada día, enfócate en lo positivo y no en lo negativo, y busca ayudar a otros.
- No enfoques tus pensamientos en tus limitaciones y faltantes, sino en las cosas buenas que has logrado y que tienes. En todo lo que eres como una persona muy especial.
- Piensa que no puedes controlarlo todo. Existen personas, circunstancias y objetos que no van a cambiar nunca. Dale toda tu fuerza y energía a aquellas cosas que sí debes y puedes transformar por medio de buenos hábitos, valores y comportamientos. Lo demás, deséchalo y no pierdas el tiempo.

Los riesgos de despertar y producir envidia

En muchos casos, la envidia no se siente, pero se produce. Se requiere de una alta dosis de sabiduría para actuar de tal manera que puedan conservarse las relaciones interpersonales, alejadas de este mal.

El rey David, quien sufrió el acoso de la envidia, llegó a suplicar: «¡Óyeme [...] porque mis angustias me perturban! [...] Pues me causan sufrimiento [...] Se me estremece el corazón [...] ¡Cómo quisiera tener las alas de paloma y volar! [...] Esa gente no cambia de conducta [...] Sus palabras son más suaves que el aceite, pero no son sino espadas desenvainadas».[8]

Existen casos de envidia muy conocidos, como el del día en que Thomas Alva Edison realizó la exposición de su nuevo invento: el fonógrafo. A pesar de ser uno de los inventores más prolíficos de la historia, con más de mil inventos patentados, como la bombilla eléctrica y el quinescopio, que le han dado tanto bien a la humanidad, él también se vio afectado por la envidia.

Durante la presentación del invento, precursor de los aparatos que emiten sonido, uno de los participantes, el eminente miembro francés de la academia, Jean Bouillaud, se opuso con furia y, en medio de un fuerte ataque de ansiedad desmedida, agredió al joven que mostraba el reluciente fonógrafo. Mientras trataba casi que de estrangularlo, gritaba fuera de sí que eso no era más que una estúpida farsa, y que nunca podría reemplazar el poder de la palabra con un pedazo de metal. Y afirmaba que era un truco de ventrílocuo.

Lo más difícil de la envidia es descubrirla

La envidia no se considera una emoción fundamental que se manifiesta en los gestos y expresiones faciales. Tal vez porque las personas sienten que se ponen en desventaja al manifestarla, tal como si fuera una confesión de inferioridad o derrota que nadie quiere dar a conocer. Por eso se mantiene oculta, en medio de excusas. Francis Bacon, el conocido pensador y filósofo, apuntó que la envidia venía a ser algo parecido a un gusano roedor del mérito y la gloria.

En ocasiones, el envidioso busca estar cercano al envidiado y ser reconocido por este. Incluso puede llegar a identificarse con él para llegar a reemplazarlo. Sea leve o patológica, la envidia trae consigo la motivación de causarle daño al otro. Es una permanente rivalidad que pudo haber iniciado desde la infancia, por la inferioridad entre los seres cercanos, en especial los hermanos. Tiende a crecer en cuanto más cercanas sean las relaciones, o más se parezcan los oficios que se realizan. Al parecer, la superioridad se desarrolla en esos espacios más apreciados.

Para evitar ser afectado por la envidia de otros, es necesario abstenerse de:

• Hacer demostraciones excesivas de dicha por los propios logros.

- Tratar de que aplaudan y celebren tus triunfos.
- Compartir las experiencias de éxito.
- Contar los sueños de prosperidad y bienestar.
- Demostrar que sabes o tienes algo que ellos no, y tratar de ayudarles a conseguirlo.
- Dejarte convencer por las artimañas de afecto, que traen veneno simulado.
- Dejarte deprimir o disminuir por sus alardes o comentarios malintencionados con que se ufanan para humillarte.
- Alterarte demasiado por su menosprecio.
- Dejarte sumergir en el océano rojo de su rivalidad malsana. Mantente en el océano azul, y compite solo por tus metas, sin envidiar a nadie.
- Volverte arrogante o permanecer a la defensiva, y entrar en el mismo nivel de ellos.

Funciona perfecto aquí la mencionada formula del rey David: «No te irrites [...] ni envidies a los que cometen injusticias; porque pronto se marchitan, como la hierba; pronto se secan, como el verdor del pasto. Confía en el SEÑOR y haz el bien [...] mantente fiel. Deléitate en el SEÑOR, y él te concederá los deseos de tu corazón».[9]

EJERCICIO

Desarrolla este ejercicio para iden- tificar la envidia y los celos

Marca con una X la palabra o concepto que no se relaciona con la envidia:

- ☐ Egoísmo
- ☐ Rivalidad
- ☐ Libertad
- ☐ Inseguridad
- ☐ Inferioridad
- ☐ Gente tóxica
- ☐ Amargados
- ☐ Maltrato
- ☐ Desacreditar
- ☐ No soportar el éxito del otro

Escribe en una hoja de notas una frase que identifique tus emociones o sentimientos acerca de cada una de las palabras de la lista.

Marca con una X la palabra o concepto que no se relaciona con los celos:

- ☐ Posesión
- ☐ Apropiarse
- ☐ Miedo al abandono
- ☐ Miedo a la infidelidad
- ☐ Miedo a ser reemplazado
- ☐ Dependencia emocional
- ☐ Confianza

- ☐ Inseguridad
- ☐ Desconfianza
- ☐ Poca cosa

Escribe en una hoja de notas una frase que identifique tus emociones o sentimientos acerca de cada una de las palabras de la lista.

Clave # 4

Liberar: detectar y erradicar el rencor que afecta demasiado

«El rencor es como tomar veneno y
esperar que mate a tus enemigos».[10]
Es una de las frases más conocidas
de NELSON MANDELA.

EL PRIMER PASO PARA QUE SEPAS CÓMO TRATAR CON EL RENCOR
es, como en todos los malos hábitos comunicativos, comenzar por
reconocerlo como un sentimiento perjudicial para la salud emocional y física de tu ser.

Tratar con el rencor implica negarse al acto de «guardarlo».
Es decir, decidirte a no retener resentimientos ni mucho menos
deseos de venganza no resueltos por cada ofensa que te han causado hoy, ayer o hace muchos años.

La llave para tratar con el rencor es el perdón. Cuando perdonas, no solo cumples con un principio divino, sino que te beneficias tú mismo, porque dejas ir el resentimiento que te produce el rencor.

El rencor que «guardas» en el corazón es una herida enquistada, no sanada, que afecta e infecta toda tu comunicación y tus relaciones interpersonales. Te vuelves un ser amargado, agresivo, iracundo, resentido, rebelde, negativo y lleno de rechazo hacia todo y hacia todos. Puedes ser explosivo, o hermético, pero igual se te va a notar el rencor en la forma de expresarte. Porque aunque lo «guardes», llega el momento en que no lo puedes ocultar ni disimular.

Cuando guardas un elemento orgánico dañado, comienza a descomponerse y a contaminar el ambiente. Eso mismo sucede con el resentimiento, que se convierte en una horrible descomposición interior. Por eso es una necesidad vital que sepas cómo tratar con el rencor. Al tratar de lograrlo, desechas todo lo malo y no te lo «guardas», porque eres consciente del efecto nocivo que te puede causar. Te basas en el valor número uno: el amor. Amas a Dios, te amas a ti mismo y amas a los demás, aunque te ofendan.

El amor es el valor por excelencia que prevalece para la sanidad total del rencor. El verdadero amor, que en griego se llama «ágape», es incondicional, no «guarda» rencor. No retiene nada. Por el contrario, todo lo da. No exige ni demanda, porque no es egoísta. Es capaz de olvidar la ofensa, porque todo lo soporta.

Seis pasos para tratar con el rencor:

Los pasos para tratar con el rencor son sencillos de efectuar, pero difíciles de abordar. Por eso el asunto está en llegar al punto sano de decidir tomar acción para desecharlo y no «guardarlo» más.

Paso # 1. No le permitas entrar:

Comienza a vivir un plan de acción preventiva: no te duermas con el enojo, ni permitas que salga el sol sin resolverlo en tu interior. Tratar con el rencor te permite dormir en paz.

Paso # 2. Reconócelo:

Si ya «guardas» rencor, no niegues más el resentimiento, ni los deseos de venganza, porque si no los identificas y los aceptas, no podrás salir del autoengaño. Para tratar con el rencor, debes reconocerlo como un acto de rebeldía y orgullo.

Paso # 3. Sácalo a la luz:

Si quieres tratar con el rencor, haz una lista de las ofensas, pequeñas, medianas o grandes que «guardaste» ayer, o por muchos años. Visualízalas como parte del diagnóstico para tu comunicación saludable. Entrégaselas a Dios, él sana todas tus heridas.

Paso # 4. Suelta el resentimiento:

Decide soltar el resentimiento y la manía de volver a pensar en criticar a las personas que te hicieron daño, o en vengarte de ellas. Para tratar con el resentimiento, debes cortar la raíz de amargura que te estorba y contamina a muchos a tu alrededor.

Paso # 5. Niégate a retomarlo:

Cada vez que te vengan impulsos de volver al resentimiento, niégate a retomarlo. Limpia tu interior para que exteriorices una comunicación saludable. Para tratar con el rencor, niégate a ti mismo, y revísate con frecuencia.

Paso # 6. Perdona de verdad:

Permite que la acción de perdonar sea un nuevo hábito en tu interior, y que no te quede espacio para «guardar» nada. Para tratar con el rencor, en el próximo blog te hablaré del tema a profundidad: cómo perdonar para alcanzar una comunicación saludable.

EJERCICIO

Practica este ejercicio para desatarte del rencor.

- Déjalo salir: reflexiona sobre todo aquello que te ha producido rabia y rencor, escríbelo en una lista. Luego léela y menciona cada punto en voz alta. Expresa de qué manera te sientes por lo que te hicieron o el momento que tuviste que vivir. Al final, puedes romper el papel y botarlo a la basura. Esto será de gran ayuda para iniciar el proceso.

- Nombra a las personas: haz una lista de aquellos que sientes que te han hecho daño y que no has logrado perdonar ni borrar de tu lista de rencores enquistados. Describe cómo te sientes con cada uno de ellos, uno a uno, con el detalle exacto de todo aquello que te marcó.

- Asume tu responsabilidad: toma la decisión de no continuar con esos rencores atravesados que te hacen tanto daño. Asume tu responsabilidad frente a los hechos sucedidos y también reconoce falta de perdón. Es necesario detectar, identificar y reconocer las emociones insanas, para lograr superarlas por completo. Escribe tu compromiso de perdonar y mantenerte libre de rencor.

- Reflexiona sobre lo que sientes: narra con tus palabras cuál es exactamente el motivo del rencor. Por ejemplo: el irrespeto, la infidelidad, el engaño, la mentira, la agresión, el abuso... Si te encuentras furioso contigo mismo por haber permitido que esto sucediera, entonces empieza por perdonarte a ti mismo.

Describe cómo te hubiera parecido mejor que sucedieran los hechos, en el escenario ideal. Pregúntate si está bien la forma como reaccionaste, y si está alineada con tus propios principios y valores.

Pregúntate cuál hubiera sido tu reacción si fueras el otro. Y si has obrado en forma correcta con esa persona. Tal vez puedes descubrir que has sido un poco inflexible, impaciente o intolerante. O tal vez descubras que te hieres y exasperas con facilidad y con frecuencia.

Cuestiónate cuál es la ganancia o el beneficio del rencor y qué marcas deja en tu forma de ser. Y, lo más importante, imagina cómo te sentirías si no mantuvieras esos sentimientos de rencor incrustados y cómo serías con la persona a quien no has logrado perdonar, si la perdonaras. Esto te ayudará a tomar decisiones sabias y efectivas.

Clave # 5

Fluir: vivir dispuesto a perdonar para descargarte y fluir

«El perdón no cambia el pasado,
pero amplía el futuro».[11]

PAUL BOESE

ENCONTRAR LA SALIDA PARA SABER CÓMO PERDONAR A OTROS ES decisivo para mantener una comunicación saludable. Uno de los obstáculos más fuertes de las relaciones es la ausencia definitiva de la facultad de perdonar. Es como un elemento corrosivo que, además de arruinar tu comunicación interpersonal, termina por corroer por completo tu carácter y, lo peor, te enfermas de todo, sin entender qué sucede.

Para saber cómo perdonar a otros debes concientizar que el perdón no es solo una decisión. Aunque decidir perdonar es el primer paso definitivo hacia el perdón, para tomar esa decisión es necesario asumir una genuina humildad.

Nadie perdona con orgullo. Solo a un corazón humilde le interesa más mantener la relación que la razón. El caso más ejemplarizante es el de Jesús, quien se humilló hasta la muerte, para entregarse a sí mismo por amor, y perdonó a quienes lo crucificaron. Llegó a decir en medio de la agonía y el dolor: «Padre, perdónalos, porque no saben lo que hacen».[12] Cuando desarrollas ese mismo perdón, puedes «soltar» a las personas, incluso a los que te maltratan, y ser libre tú mismo.

Renuncia a los obstáculos

Para llegar hasta esa estatura de perdonar a otros, lo primero que necesitas es renunciar a obstáculos como:

- El egocentrismo.
- La terquedad racional.
- La soberbia prepotente.
- La obstinación del corazón endurecido.

Los indicadores de la ausencia de perdón son, entre otros:

- El tono de sus conversaciones y comentarios es áspero.
- Habla mal de la gente que no ha perdonado.
- Se refiere a ellos con rabia, y los desacredita.
- Los critica por todo lo que hacen, y por lo que no hacen.
- Muestra reacciones fuertes, muy ofensivas.
- O, en el otro extremo, pronuncia halagos desmedidos con hipocresía.
- Transmite amargura en sus gestos y comunicación no verbal.
- Contamina a la gente a su alrededor con su permanente oposición.
- Se muestra hostil con comentarios despectivos, iracundos y de contienda.
- O trata de engañar con palabras suaves, pero mal intencionadas.

Los beneficios de perdonar a otro son:

- Relaciones tranquilas y de largo plazo.
- Carácter sólido, con madurez y sabiduría.
- Crecimiento constante en la inteligencia emocional y espiritual.
- Personalidad amable, agradable, mansa y humilde de corazón.
- Descanso de ser libre de la rabia interior agotadora.

Las siete claves para mantener una actitud perdonadora son:

- Examínate de manera constante.
- No te duermas enojado.
- Haz del perdón un hábito saludable.
- Perdona hasta setenta veces siete.
- Sé bondadoso y compasivo con los otros.
- Perdona a los otros, como Dios te perdona a ti.
- No cambies tu paz interior por tu obstinación... ¡sé libre!

Cuando logras perdonar a otros, estás en la ruta correcta del ser. Notas un gozo interior profundo y lo exteriorizas con acciones y conversaciones armoniosas, transparentes y amables. El perdón continuo se convierte en un hábito de comunicación saludable.

EJERCICIO

Realiza el ejercicio para desarrollar una actitud de perdón.

- Identifícate con el otro: la mejor manera de perdonar en forma asertiva es tratar de entender al otro con empatía. Si te ubicas en su lugar, puedes comenzar a entender un poco más sus sentimientos y actitudes. Empezarás a comprender las causas que le llevan a actuar de esa manera, aunque no estés de acuerdo, y te costará menos dificultad perdonar.

- Enfócate en lo bueno: no te concentres solo en lo malo que ha hecho esta persona X. Intenta ubicar aquellas cosas buenas que ha realizado, o por lo menos, las que menos te afectan. Dale gracias a Dios por lo malo y lo bueno que ha hecho porque de ambas partes puedes obtener una oportunidad de mejora para tu vida.

- Mira los modelos de perdón: identifica los modelos de personas que han logrado perdonar y se han liberado a través del noble acto de soltar a quienes les han hecho daño. Son diferentes. Luego, mira el modelo de los grandes héroes que perdonaron y hoy son reconocidos por su grandeza. Y para culminar, fíjate en el modelo de Jesús, como el paradigma perfecto de perdón. El perdonó y amó a los que le persiguieron y azotaron hasta la muerte.

- Declara el perdón hacia otros: escribe en tus notas el nombre de la persona o personas que necesitas perdonar. Y declara en voz alta con su nombre:
  «Declaro que perdono a la persona X, así como Jesús me perdonó a mí».
  «Declaro también que soy libre de rencor, odio, resentimiento y venganza contra la persona X, a pesar de todo lo que me hizo».
  «Declaro que no le guardaré rencor a la persona X, para

no hacerme daño ni perjudicarme a mí».

- Realiza tu petición de perdón: si necesitas pedir perdón a la persona X, puedes escribir en tus notas todas las razones, y declararlas también en voz alta. Aunque nunca le entregues la lista.

De manera sincera y honesta trata de imaginar a la persona frente a ti, y dile lo mal que te sientes por haberla ofendido con: enumera uno a uno los actos que cometiste.

No te disculpes, ni te excuses con argumentos. Solo reconoce tu parte, pídele perdón por lo que esa persona X sintió, y por los daños causados, aunque jamás te pida perdón por sus faltas, ni las reconozca. En la medida de lo posible, busca después a la persona y, en el momento adecuado, pídele perdón con asertividad: asume una actitud humilde y a la vez firme. Verás cómo se rompen las cadenas del rencor y te sientes libre, además de liberar al otro y, lo más importante, recuperar la relación.

Clave # 6

Delimitar: saber tratar y ponerle límites a la gente tóxica que te hace daño

«El descalificador tiene como objetivo controlar nuestra autoestima, hacernos sentir nada ante los demás, para que de esta forma él pueda brillar y ser el centro del universo».[13]

Bernardo Stamateas

UNA PERSONA TÓXICA ES BASTANTE DIFÍCIL DE TRATAR Y DE soportar. Se reconoce porque su comunicación verbal y no verbal produce un efecto exasperante, nocivo y dañino en la salud emocional y en el clima organizacional o familiar de la gente con quien convive día a día.

La persona tóxica se comunica enfocada en sí misma. No le importan los otros. Solo se acerca a ellos cuando le interesa y los necesita como instrumentos estratégicos en el logro de sus metas. Siempre es una influencia negativa en la vida de los demás. Sea agresiva o pasiva, ruda o débil, igual es considerada tóxica.

Efectos comunes de una persona tóxica

La comunicación de alguien tóxico se reconoce por los efectos que produce en las personas de su entorno. Puede ser agresivo o pasivo. Aquí te describo algunos de ellos:

- Absorbe la energía de quienes le rodean. Deja a los demás agotados, exasperados o de mal genio.
- Produce malestar permanente en el ambiente. Acaba con la tranquilidad de los otros.
- Genera culpa con todo lo que dice. Incluso con sus gestos. Produce un sentimiento de culpabilidad.
- Disminuye al otro con sus comentarios de crítica, negativismo y queja constante.
- Busca manipular y se vale de cualquier método para tratar de controlar a su alrededor, con su egocentrismo excesivo. Incluso puede fingir afecto.
- Mantiene una queja crónica que en la mayoría de los casos está acompañada de pesimismo, envidia, agresividad, altanería y soberbia desesperantes.
- Habla mal de otro a sus espaldas y lo desacredita, aunque de frente le diga palabras agradables, con su habilidad para manipular las emociones.

Características y frases típicas de una persona tóxica

La persona tóxica siempre es impulsada por su inseguridad y su baja autoestima. Utiliza un lenguaje exasperante. Por su sentimiento de inferioridad, habla con frases y preguntas típicas. Aquí te describo algunas de ellas, con su respectiva clasificación. Te ayudarán a comprender un poco más y en forma detallada la comunicación de la persona tóxica, y sabrás si eres o no una de ellas:

- Baja autoestima: te hace sentir inferior, incapaz, insuficiente y mediocre: «Está bueno, pero siento que podrías lograr algo mejor».
- Obstrucción: su habilidad para obstruir de manera simulada todos tus esfuerzos es impresionante. Sus celos y envidia son crónicos y a veces hasta neuróticos: «No quisiera ser negativo, solo por aportar una crítica constructiva... ¿Pero no te parece que no está del todo bien?».
- Derrumbe: intenta tumbar tu ilusión y tus logros. El «pero» es su arma favorita: «Gracias, eres muy amable pero... ¿Es un poco ordinario, cierto?».
- Víctimización: busca generar lástima por sí mismo, para que le des ánimos. Es un devastador emocional. Te amarra con sus comentarios, para que nunca lo dejes y poder recostarse en tus emociones apabulladas por el pesar: «Claro, pues como yo aquí soy tan solo un simple miserable!.. Soy un cero a la izquierda y sin valor».
- Defensa: se defienden cuando realizas una acción con la que no están de acuerdo. «¡Es increíble!... Tu traición no tiene límite... Apenas puedo creer que te atrevas a hacerme esto».
- Manipulación: acude a su arma mortal, la manipulación y el chantaje emocional. «Pues, si tienes que irte y no tienes otra opción, bien por ti... ¿Pero de verdad crees que lo mejor es que yo me quede aquí solo, sin ninguna garantía de seguridad?».

- Culpa: te cobra cualquier favor con la culpa continua. «¡Todo lo que yo me he sacrificado por ti!, y... ¿así es como me pagas?».

- Insulto: cuenta con la capacidad de despotricar de ti para insultarte. Se vale de tus áreas débiles para echártelas en cara en el momento más oportuno para él y más difícil para ti: «Eres un malagradecido, traidor, falso impostor, mediocre y estúpido». ¡Pareces una «nena», no un verdadero hombre! o «¡Pareces una vieja loca, no una verdadera mujer!».

- Evasión: le parece que todo lo que hace debe ser aceptado. Evade su responsabilidad. Siempre intenta responsabilizar a los demás de sus actos y se defiende: «Es que yo soy sincero, no tengo pelos en la lengua»... «Pues yo soy así, y si no son capaces de aceptarlo, me voy... e» o «que se larguen». «Es el colmo que no entiendan mi posición»... «Yo no voy a cambiar, ni a ceder, no faltaba más».

- Malestar: si tú realizas alguna acción que no le gusta o no le conviene, trata de influir en tus emociones para que te sientas frustrado. Sabe que si logra hacerte sentir desgraciado, evitará que se repita. Es su forma de amenazar tu bienestar: «¡Esto debería darte pena!».

- Reparación: la persona tóxica realiza acciones desesperadas cuando siente que está perdida y que te saliste de su control. Puede llegar hasta a llorar a mares o enfermarse. No tolera la «ofensa», busca a toda costa que tú «repares tu falta»... «La verdad es que, con este mal que me has hecho, ya te pasaste del límite. Yo necesito que, de alguna manera, tú me ayudes a repararlo».

- Dependencia: si se ve perdido, puede llegar a convertirse en un dependiente emocional, con una baja autoestima grave. Su valor está sujeto a ti por completo, o a cualquier

otra persona. Te manipula con sentencias como: «Tú
eres todo lo que tengo en esta vida. Si me dejas me
muero».

- Narcisismo: en el otro extremo se encuentra el narcisista
psicópata que te dice: «Yo soy todo lo que tú tienes en este
mundo. Si te dejo estás perdido». Utiliza tus debilidades en
tu contra para hacerte sentir que, sin él, tú no eres nada y
que no puedes llegar a realizar absolutamente nada afuera
de su dominio.

Cómo tratar con gente tóxica

Lo primero que debes saber sobre cómo tratar a personas tóxicas
es que te puedes encontrar con diferentes tipos de ellas. Esto te
ayudará a tenerlas claras y a ubicar a cada una en su justa medida y
en el lugar que le corresponde. Aquí te presento las más comunes
y evidentes:

- Prepotente: quiere la autoridad y el dominio a toda costa.
Es humillante y exigente.
- Disimulado: sabe empatizar. Miente con naturalidad y te
pone zancadillas con disimulo.
- Negativo: ve una calamidad en cada oportunidad. Se queja
y refunfuña todo el tiempo.
- Agresivo: insulta y ofende con ira. Solo le importa su
objetivo. Es rebelde y obstinado.
- Envidioso: desea lo que el otro tiene. No soporta su éxito.
Quiere borrarlo del mapa.
- Chismoso: siente placer cuando habla mal de alguien o
inicia un rumor en su contra.
- Insensible: no siente culpa, dolor, ni malestar por ofender
y herir a los demás. Al contrario, le gusta y le produce
placer.

Cinco claves para comunicarte y tratar con una persona tóxica

Después de reconocer los diferentes tipos, puedes empezar a saber cómo comunicarte y tratar con personas tóxicas. Estas cinco claves te pueden ayudar en el proceso:

Evita al máximo la interlocución: no trates de agradar, ni convencer, ni alegar o argumentar y mucho menos de cambiar a esas personas tóxicas. Evita al máximo la interlocución con ellas. Habla solo lo necesario, en el momento oportuno. Nada más. Nadie te puede obligar a comunicarte con alguien tóxico.

Respóndele en forma asertiva: ser asertivo es lograr el balance entre no ser ni agresivo ni pasivo. Si debes comunicarte con una persona tóxica, contéstale sí o no, con la manera y el tono adecuados, sin peleas, iras, ni contiendas.

Utiliza respuestas con firmeza: la asertividad implica contestar con firmeza y contundencia, sin perder de vista valores fundamentales como el respeto y la amabilidad. La firmeza debe ser cordial. Así le cerrarás la boca y se avergonzará de sus actos. Pero si te igualas pierdes y puedes llegar a ser también tóxico.

No seas reactivo: no permitas que tu ira y enojo te controlen. No llegues al punto de dejarte exasperar. Mantente sereno, respira profundo, y no reacciones de inmediato con furia. Si no puedes responder con calma, mejor no respondas. Deja decantar los ánimos. De lo contrario, terminarás por asumir los mismos modales de la persona tóxica, aun sin quererlo.

Piensa que el problema no eres tú:. entiende algo, el problema que presenta esa persona, no es solo contigo, sino con todos, y tú no debes caer en la trampa de su manipulación.

Qué pasa cuando eres tú la persona tóxica

Todos, en alguna medida, podemos mostrar rasgos de comunicación de personas tóxicas. Estos son diez pasos que te ayudarán a transformar tus relaciones y mantener una comunicación interpersonal más saludable:

Paso # 1. Reconócelo y admítelo:

Recuerda siempre que la única forma de comenzar a salir de un mal hábito tóxico y vicioso es reconocerlo.

Paso # 2. Ámate como tú eres:

Valórate. El principio básico es amar al otro como a ti mismo. Y si no te amas, si no te autoestimas, no puedes amar a nadie, y eso te convertirá en una persona tóxica.

Paso # 3. El cambio comienza en ti mismo:

No intentes cambiar a los demás. Piensa que el cambio comienza por ti. Si quieres que los otros te den buenas respuestas, comienza por cambiar las tuyas. No esperes a que los otros tengan que «lidiar» contigo.

Paso # 4. Dale un nuevo «clic» a tu lenguaje:

Empieza a transformar tu lenguaje. No te vayas por la parte negativa de todas tus experiencias. No te victimices. Erradica las palabras de control fundamentadas en el fracaso. Deja de criticar todo.

Paso # 5. Si quieres un resultado diferente, tienes que hacer cosas diferentes:

Ubica lo que dices, cómo lo dices y qué connotación tiene cada palabra que dices. Deja de agredir a los demás con lo que dices porque son «una manada de estúpidos» y «no se merecen que converse con ellos».

Paso # 6. Chequea tus palabras:

Incluso lo que te dices a ti mismo. Porque con la primera persona que tienes un lenguaje tóxico es contigo mismo. Rinde tu corazón a Dios. Haz primero un «clic» con él. Y comenzarás a generar una sinergia diferente, que no le robará la energía a los demás, sino que les dará lo mejor de ti.

Paso # 7. Sonríe, abraza y sé humilde:

La soberbia te hace rígido, y los árboles rígidos se rompen fácil. Los flexibles quedan bien firmes cuando pasa la tormenta, como la palmera. Comienza a agradecer las bendiciones, a perdonar las ofensas y a soltar el control. No te quejes más por y de todo. Acéptalo como es y da gracias.

Paso # 8. No te canses de hablar bien:

Aunque te parezca que no hacen lo que tú quieres, o que no cumplen tus expectativas, continúa con un lenguaje y una comunicación saludable. No compartas comentarios ni panoramas negativos de la vida que desanimen a los demás.

Paso # 9. No uses palabras oportunistas, controladoras o narcisistas:

No te concentres en tu ego. Enfócate en los otros. En dar, no en recibir. Aunque no te respondan como tú esperas. La llave es el amor verdadero, que todo lo da, todo lo soporta y no busca lo suyo. No te canses de responder bien. Aunque te paguen mal por bien. Tú siempre responde con amabilidad, así te parezca absurdo. Notarás la diferencia.

Paso # 10. Ejercita la valoración del otro:

Ubícate en la razón del otro. Que tus respuestas sean enfocadas en la necesidad de él, y no en las tuyas. Piensa en lo que siente y quiere. De esa manera dejarás de atacarlo y decirle que es un inútil. Comenzarás a experimentar la identificación con él o ella.

Si utilizas estas claves para tratar con personas tóxicas y comunicarte con ellas, y avanzas en cada uno de estos pasos para tratar en ti mismo cualquier rasgo de comunicación de persona tóxica, conseguirás una comunicación saludable con completa libertad.

Recuerda: la verdad te hará libre.

EJERCICIO

Responde este test para identificar si estás frente a relaciones tóxicas.

Identificar el nivel de toxicidad de tus relaciones, te ayudará a saber si son saludables o no. Define un periodo de tiempo determinado, de una semana a un mes. Durante ese tiempo, toma nota para describir la comunicación con esas personas. Tanto en la relación de pareja, los hijos, la familia, los amigos y los compañeros de trabajo.

Responde estas preguntas básicas:

Si lo prefieres, cambia el espacio donde dice «la persona X», por el nombre de la persona con quien te relacionas:

- ¿Qué es lo primero que pienso cuando menciono a la persona X?
- ¿Cuál es mi reacción si me encuentro con la persona X?
- ¿Cómo quedo después de reunirme con la persona X?
- ¿Percibo actitudes manipuladoras en la persona X?
- ¿Siento que dependo emocionalmente de la persona X?
- ¿Siento ansiedad cuando la menciono o me encuentro con la persona X?
- ¿Me cuesta mucho ponerle límites a la persona X?
- En una palabra: ¿cómo defino la comunicación con esa persona X?
- ¿Creo que los comportamientos tóxicos se han convertido en un patrón de la relación con la persona X?
- ¿Cuáles son mis actitudes en la relación con la persona X?
- ¿Qué aspectos me producen angustia y miedo en la relación con la persona X?
- De 1 a 10, ¿cuánto daño creo que me hace esta relación con la persona X?

Los resultados pueden ser mínimos, medianos o máximos. En cualquier caso, es tiempo de iniciar un plan de reinvención de la relación, con nuevos hábitos en tu comunicación interpersonal con esa persona X.

Te ayudará esta fórmula de oro: «Soy yo quien debe cambiar. No puedo cambiar al otro, pero sí debo asumir mi responsabilidad en esta relación».

Tal vez esa persona X nunca cambie, pero si tú logras cambiar tu forma de comunicarte con ella, con las claves aprendidas en este libro, la relación puede mejorar y ser mucho más saludable.

¡Empieza ahora mismo!

Clave # 7

No ser reactivo: saber manejar a personas difíciles en la casa y la empresa

«Cuando odiamos a nuestros enemigos, les estamos dando poder sobre nosotros: el poder sobre nuestro sueño, nuestro apetito, nuestra presión sanguínea, nuestra salud y nuestra felicidad».[14]

DALE CARNEGIE

UNA DE LAS PREGUNTAS QUE ME FORMULAN CON FRECUENCIA ES: ¿cómo manejar a las personas difíciles? Por eso, este aspecto constituye uno de los temas de mi investigación, para ayudar a las personas a través de mis cursos *online*, conferencias, blogs y mediante este libro, *Asertivos*, con ese tipo de personas.

La necesidad de saber cómo comunicarse es una de las más apremiantes en el mundo de hoy, donde pareciera que las personas difíciles abundan y se multiplican cada día más. Se convive con ellas en las familias, en las empresas, en la calle, en medio del tráfico... ¡y en todas partes!

¿Por qué hay personas tan difíciles?

Una de las razones por las que existen ese tipo de personas difíciles es porque, con seguridad, han vivido historias de vida difíciles. Detrás de cada persona difícil hay un trasfondo difícil.

«Las personas difíciles buscan provocarnos, porque casi siempre esconden algo. Pueden ser sus faltantes, debilidades, incapacidades, o alguna culpa por algo que hicieron mal», afirma el doctor Mark Goulston,[15] conocido autor *bestseller* #1 de libros como *Just Listen* (¡...*Solo escucha!*).

El doctor Goulston dice que «las personas difíciles, al provocarnos, ya sea por enojo o quejas, lo que intentan con frecuencia es lograr distraernos, para que no expongamos lo que sea que esconden».

Tipos de personas difíciles

Para saber cómo manejar a las personas difíciles es importante reconocerlas. Existen muchos tipos de personas difíciles. Aquí te mencionaré algunas de ellas:

- Crítico: todo lo que haces le parece malo y siempre halla faltas y defectos.
- Agresivo: te grita por cualquier cosa y solo sabe decir palabras ásperas.
- Humillante: busca demostrar que no vales nada.
- Víctima: siempre está en plan de quejarse por todo.

- Egocéntrico: piensa solo en sí mismo y te hace a un lado siempre.
- Indiferente: no te responde, ni te mira, y te habla con monosílabos fríos.
- Rival: quiere demostrar que gana, y que es mejor que tú, a costa de lo que sea.
- Conflictivo: arma un problema enorme por cualquier detalle o situación.
- Escéptico: no le interesa creerte y te desanima con su falta de confianza.
- Prepotente: asume una actitud de superioridad que te apabulla e intimida.
- Parsimonioso: actúa con una lentitud excesiva que te exaspera y saca de quicio.
- Cuestionador: polemiza y controvierte cualquier cosa que digas o realices.

Tres sugerencias para manejar a las personas difíciles

Aunque no las justifiques ni las apruebes, podrás entender mejor a las personas difíciles si aplicas estas sugerencias. Te ayudarán a no ser reactivo, es decir, a no reaccionar en forma inmediata, brusca o intempestiva ante sus constantes desafueros y actitudes que te suelen desesperar y descontrolar.

Piensa en su historia difícil: cuando necesites manejar a personas difíciles, no trates de cambiarlas, convencerlas o llevarlas a entrar en razón. Eso no va a pasar. Mi recomendación es buscar ser empático. Míralas desde la perspectiva correcta. Desde el lado de su realidad de vida y el contexto difícil de un presente y pasado conflictivos.

Mantente en tu lugar: si quieres una comunicación saludable con las personas difíciles, la única forma es no entrar en su «juego». Es decir, no te dejes sacar de casillas por su forma difícil de comunicarse. Sé que no es fácil, pero si te metes en el «juego» será más difícil aún. Mantén siempre tu lugar.

Responde con palabras blandas: la mejor manera de desarmar a una persona difícil es responder con palabras blandas. Porque las palabras ásperas le harán subir el furor, y será peor el conflicto. Una palabra amable y sabia, dicha a tiempo, sin emociones exageradas, puede sanar la comunicación. No sientas miedo de verte ridículo por no responder con furia. Es peor armar una pelea interminable. Una sola palabra bien dicha puede mantener una relación cordial y saludable.

EJERCICIO

Practica estas dinámicas para tratar con personas difíciles

Cuando estás frente a personas difíciles, de cualquiera de los perfiles mencionados, necesitas asumir una postura y practicar una forma diferente de comunicarte que te permitan facilitar los procesos y relacionarte mejor con ellas. Estas cuatro dinámicas te pueden ayudar:

1. No generes la expectativa de que sean menos difíciles: trata de que no te sorprendan ninguna de sus actitudes o respuestas difíciles. Tenlos claros. Simplemente, son así. No esperes nada distinto. Acéptalos como son.

2. Entiende que el problema no es solo contigo: interioriza una verdad, el problema no es solo contigo, el problema está en ellos, y es con todo el mundo. Busca la manera amable de poner los límites en el momento adecuado y de la forma correcta, sin necesidad de esperar a que te exasperes o te salgas de casillas. Mantén tu distancia en forma definida y estable.

3. ¡Tan solo escucha!: no trates de cortar su conversación en la mitad. Deja que se expresen. Limítate a escuchar. Cuando permaneces tranquilo, sin exasperarte, existe un noventa porciento más de probabilidades de que la persona difícil reaccione y, por lo menos, se calme por la vergüenza. En el momento oportuno, le puedes pedir que por favor te explique, con más calma, un punto específico de lo que dijo. También le puedes preguntar por qué está tan furioso o molesto. Esto le puede hacer reaccionar.

4. Evita a las personas difíciles en cuanto te sea posible, no las conviertas en socios o miembros de tu equipo de trabajo. Pueden ser personas que practican el acoso *online* (*bullying*) o se dedican a escribir comentarios de odio en las redes sociales, como «odiadores» (*heaters*) profesionales, que intentarán dañar

tus logros y convertir tu día a día en una jornada insufrible. Si de verdad quieres una cultura de calidez y un clima organizacional adecuado, evita a estas personas al máximo dentro de tu grupo de trabajo, o no las consideres tus «amigas» virtuales.

No depender: dejar la dependencia emocional que lleva a la anulación

«No te necesito, te prefiero».

WALTER RISO

PARA SABER CÓMO SALIR DE LA DEPENDENCIA EMOCIONAL DEBES entender primero que te encuentras ante la realidad de una comunicación que puede llegar a ser enfermiza, porque los apegos desmedidos te producen bloqueos emocionales que te impiden una comunicación asertiva. Unas veces eres agresivo e intolerante, y otras veces muy pasivo y tolerante. Por eso es necesario saber cómo salir de la dependencia emocional para triunfar en tu reto de vivir con relaciones interpersonales saludables.

La autonomía emocional no significa abandonar la posibiidad de amar, sino más bien saber mantener el dominio de sí mismo. Es convertirse en una persona leal a los valores personales, sin esclavizar la honra ni la dignidad, por ningún motivo. El hecho de renunciar a uno mismo, por agradar a la otra persona de manera desmedida, es salirse del ámbito de lo que significa una relación sana. Así lo declara en muchos libros y entrevistas el sicólogo clínico de origen italiano, con nacionalidad argentina, Walter Riso, autor de *bestsellers* sobre el tema de dependencia emocional.[16]

¿Amas o dependes? Para lograr amar de manera saludable es necesario amar sin dependencias emocionales. Para ello, debes desarrollar destrezas y habilidades que te permitan afrontar la dependencia emocional, prevenirla y/o crear un estilo de vida orientado a la independencia emocional y al desapego afectivo. Autores como Riso sostienen que lograr desapegarse del otro no significa dejarlo de amar. Sino saber mantener relaciones sanas, que no están enfermas de dependencia emocional.

La esencia de la dependencia emocional es alimentarse en forma permanente del afecto de otro y, de esa manera, automedirnos en lo que valemos, a través de la manera en que nos acepten o no.

Todos podemos experimentar algún tipo de dependencia emocional en algún momento de nuestras vidas, que está muy influida por la calidad de nuestras experiencias e interacciones familiares tempranas.

Algunos de los factores determinantes de la dependencia son: las carencias afectivas, la subestimación o subvaloración, la agresividad física o verbal, y el chantaje emocional con frases como «ya no te acuerdas de mí»... Muchas otras variables pueden influir en la dependencia emocional. Como el acoso de los compañeros de estudio en la adolescencia.

En ocasiones, cuando uno de los padres no muestra una afectividad adecuada, puede ser que el otro logre compensarlo y hacernos sentir muy amados y aceptados. También puede ser que conozcamos a alguien que sea una buena influencia y cambie la concepción y la dinámica de afectividad.

El mal de la libertad emocional relacional

Al lado de la dependencia emocional en las relaciones, surge un mal que es el de la codependencia. Implica depender de un dependiente. Al final, se enferma igual o hasta más que él en sus emociones.

La persona con codependencia emocional vive encerrada en un círculo vicioso entre ser:

- Víctima: se queja de todo y dice frases como: «No entiendo por qué me haces esto a mí», «Mi vida es miserable por culpa tuya».
- Salvadora: cree que debe salvar a la persona de la cual depende y sacarla de todos sus problemas. Dice frases como: «Yo sé que te puedo cambiar», «Solo es cuestión de tiempo»... «No te preocupes, todo está bien»... «No te inquietes, yo lo asumo».
- Controladora: siempre busca mantener todo bajo su orden. Dice frases como: «¡Te prohíbo que salgas!», «Eso aquí no se hace», «Mientras vivas en esta casa se hace lo que yo digo!».

Principios para salir de la dependencia y codependencia emocional

Entre los principios fundamentales, no relativos ni negociables, de la comunicación saludable, estos son algunos de los más relevantes para lograr salir de la dependencia y codependencia emocional:

- Libertad: no estás obligado a soportar a una persona que te lastima o te maltrata en forma física o verbal... «No me merece quien me lastima».

- Coraje: es necesario que seas firme a la hora de poner límites... ¡NO MÁS!
- Felicidad: tu capacidad de ser feliz no depende de una persona. Menos si es maltratante... «Te amo, pero puedo ser feliz sin ti», «Te prefiero, pero no te necesito».
- Dignidad: llega un punto en que ya pierdes tu dignidad si toleras más el abuso emocional... «Soy una valiosa creación de Dios y merezco respeto».
- Paz: no estás sujeto a vivir esclavizado, ni en la servidumbre. Dios te llamó a vivir en paz. «No cambio mi paz, mi tranquilidad o mi salud emocional por nada».

Cuando logras reconciliarte con estos principios, ya estás cerca de ser una persona libre de dependencia emocional. Ejercítalos y conviértelos en hábitos de comunicación para las relaciones saludables y no dependientes.

Hazlo con calma. No te des «látigo» ni te autocondenes si recaes en la dependencia. Salir de la dependencia emocional es un proceso y requiere tiempo. No te preocupes si no lo logras de inmediato.

Si llegas al síndrome de la abstinencia emocional que te lleva a decir: «No puedo, es imposible, yo necesito a esa persona, o al objeto del apego, aunque me haga tanto daño», estás ante una recaída. Puedes parar, retomar y volver a levantarte, hasta que logres el desapego total.

Recuerda que también puede ser codependencia, que implica ser dependiente emocional de una persona con dependencias adictivas, como el alcohol, las drogas, el juego, el sexo o cualquier otra adicción dañina.

La comunicación del codependiente gira alrededor de alguien que lo manipula para conseguir sus adicciones. En estos casos es necesario ser mucho más firmes, establecer límites más contundentes y buscar ayuda profesional especializada. Existen entidades especializadas como Al-Anon (filial de AA, Alcohólicos Anónimos) que enseñan sobre y ayudan en el tratamiento de la codependencia. Porque, por lo general, la persona codependiente piensa que está sola en el mundo con su problema, y que nadie la puede ayudar o entender.[17]

Cuando sales de la dependencia, o codependencia, emocional y pasas de la sobrevivencia a la trascendencia, en lo primero que se nota es en tu comunicación. Tus relaciones se vuelven mucho más oxigenadas y muestras la verdadera esencia de tu carácter. Se refleja en tu expresión oral y corporal, en la sonrisa libre, los gestos amables, las frases espontáneas y amigables, la seguridad y la serenidad. Esa es la meta de este reto: tu trascendencia, por medio de una comunicación saludable, libre de dependencias enfermizas y de abusos emocionales. Entender la libertad como un valor determinante para tus relaciones interpersonales saludables.

Algunos pasos para salir de la dependencia emocional

Siempre hablamos de dar el primer paso para salir de cualquier síndrome: autoconocerlo. Así podrás autorregularlo. Además, podrás buscar el apoyo de un especialista, en caso que necesites ayuda para lograrlo. Porque él te ayudará a identificar las razones de la dependencia como:

- Subvaloración: la persona con una estima subvalorada, busca siempre el reconocimiento y la aprobación de los demás. No le gustan los comentarios críticos, porque le producen una perspectiva de inferioridad que la lleva a sentirse despreciable o no aceptada. Por eso busca siempre alguien de quien depender para que le afirme su bajo nivel de autovaloración.
- Temor al cambio: cuando alguien muestra un cuadro de dependencia emocional, por lo general se encuentra relacionado con los miedos al cambio, en cualquier área.

No importa si se encuentra a gusto o no, pero prefiere quedarse como está que cambiar, por simple miedo a pasar a otro estado. Prefiere soportar lo malo, que conocer lo bueno. Le produce angustia la movilización y la inestabilidad. Además, no le gusta salir de algo que considera su zona de confort emocional.

- Búsqueda afectiva: por esa misma subvaloración, una persona que no se ama a sí misma busca el soporte afectivo en otros, a toda costa. Puede ser en relaciones de pareja, familiares o de amistades.

Amarse a sí mismo: la llave maestra

Para salir de la dependencia emocional, la llave maestra es el amor propio. Es aceptarnos y querernos como una valiosa creación de Dios. De esta manera, contaremos con un piso firme para comenzar a construir las bases reales que nos ayudarán a salir de la dependencia y la codependencia emocional, y comenzaremos a afrontar el motivo de los apegos emocionales, hasta salir de ellos y convertirnos en personas con emociones que producen relaciones no dependientes ni enfermizas, sino equilibradas y saludables.

EJERCICIO

Para saber cómo salir de la dependencia emocional afectiva

Contesta verdadero o falso marcando con las letras V o F al frente de cada una de estas afirmaciones.

1. ¿Percibes estos pensamientos en tu día a día?

    ___ Solo si me quieres puedo sentirme bien

    ___ Jamás te expresaré lo que siento porque me abandonarás

    ___ Tener un tiempo a solas, sin ti, me produce angustia y desespero

    ___ Seguro tú y todos los demás me ven como un ser insignificante

    ___ Será imposible realizarme porque en mi familia no me aceptaron

    ___ Por ser como soy, nunca tendré una buena relación amorosa con nadie

2. ¿Percibes algunas de estas emociones por causa de tus relaciones?

    ___ Sientes un malestar y desasosiego emocional permanente

    ___ Te percibes como un ser indefenso ante los demás

    ___ Te sientes como una persona impotente ante la realidad

    ___ Sueles victimizarte por todo

3. ¿Percibes algunas de estas acciones como respuesta?

___ En ocasiones te sientes incapaz de avanzar y quedas paralizado

___ Presentas un cuadro de autoabandono permanente

___ Buscas complacer a los demás

___ Sientes la necesidad de tener toda la atención

Si contestaste afirmativo a uno o más de estos tres grupos de:

PENSAMIENTOS - EMOCIONES - ACCIONES,

es una evidencia tangible de que te encuentras frente a un cuadro de dependencia emocional que necesitas concientizar para poder autorregular, con inteligencia emocional y dominio propio.

Sigue paso a paso cada una de las indicaciones del capítulo y mantente alerta ante cualquier síntoma de «recaída» emocional, para retomar, reiniciar, reinventarte, recapitular... ¡Y volver a comenzar!

Clave # 9

Declarar: maximizar el verdadero poder de tus palabras

«La declaración genera un nuevo mundo para nosotros. Después de haberse dicho lo que se dijo, el mundo ya no es el mismo de antes. Fue transformado por el poder de la palabra».[18]

RAFAEL ECHEVERRÍA

SI QUIERES UNA COMUNICACIÓN PARA RELACIONES INTERPERSO-nales saludables, necesitas saber cómo utilizar el poder de tus palabras. Con ellas puedes animar, levantar, influenciar de manera positiva y empoderar a las personas a tu alrededor. Pero también destruir, acabar y bloquear el ánimo de alguien con lo que dices. El poder de tus palabras puede afirmar, afianzar y llenar de vida a una persona, o anularla y subestimarla hasta el punto de afectar su autoestima.

El lenguaje es generativo. No se puede hablar por hablar, porque cada palabra que dices surte un efecto, ya sea positivo o negativo. En tu boca está el poder para generar vida o muerte. Es necesario que cambies tus hábitos al hablar y mejores tu vocabulario. Puedes hablar palabras de bendición o de maldición, pero eso es algo que solo tú puedes elegir.

«Debido a que el lenguaje no es pasivo, es acción, este genera permanentemente nuevas realidades. Nosotros, los seres humanos, vivimos en mundos lingüísticos y nuestra realidad es lingüística. Creamos el mundo con nuestras distinciones lingüísticas, con nuestras interpretaciones y relatos, y con la capacidad que nos proporciona el lenguaje para coordinar acciones con otros», dice Rafael Echeverría en su libro *Ontología del Lenguaje*.[19]

Las afirmaciones son aquellos actos lingüísticos en los que describimos la manera como observamos las cosas. El lenguaje de las afirmaciones se somete a un mundo ya existente. En este caso, el mundo dirige y la palabra lo sigue. El lenguaje de las afirmaciones es el lenguaje que utilizamos para hablar acerca de lo que sucede: es el lenguaje de los fenómenos o de los hechos. Como sabemos, las afirmaciones pueden ser verdaderas o falsas. Las afirmaciones son, por lo tanto, aquellos actos lingüísticos mediante los cuales nos comprometemos a proporcionar evidencia de lo que estamos diciendo, si esta se nos solicita. Nos comprometemos a que, si alguien estuvo en ese lugar en ese momento, tal persona podrá teóricamente corroborar lo que estamos diciendo. Es lo que llamamos un testigo. Si decimos: «El producto le fue despachado el viernes pasado» y se nos pregunta «¿Por qué dice usted eso?» no podemos responder «Porque yo lo digo». Cuando hacemos una afirmación, se espera que podamos proporcionar evidencia de que lo que decimos es verdadero.

Pasos para lograr un lenguaje generativo que construye y no destruye:

1. Toma la decisión de comenzar a decir solo palabras que edifiquen.
2. Prefiere callar antes que hablar mal de ti mismo, de los otros o de las circunstancias.
3. Decide no juntarte con aquellos que todo el tiempo hablan mal.
4. Alinea tus valores y creencias con tus palabras.
5. Cuida la forma en que llenas tu corazón, porque de lo que abunde en él hablarás con tu boca.

De una misma boca no pueden proceder palabras buenas y malas, porque ninguna fuente puede dar agua salada y dulce a la vez. Por eso, analiza el estilo de palabras que pronuncias día a día.

Formúlate estas preguntas que te conducirán a medir tu lenguaje y a saber cómo utilizas el poder de tus palabras:

- ¿Generas vida y ánimo con todo lo que dices?
- ¿Las personas a tu alrededor se sienten estimuladas con tus comentarios?
- ¿Tus palabras edifican y motivan a los otros a ser mejores personas?
- ¿Tus comentarios y conceptos inspiran a los demás para cumplir sus metas?
- ¿Tu lenguaje genera valor agregado? Es decir, ¿no solo informas, sino que transformas y aportas al crecimiento?
- ¿Tus comentarios incomodan a las personas con ofensas y sarcasmos?
- ¿Tus palabras son de queja continua, que produce desesperanza y frustración?

Comienza a realizar el ejercicio de cambiar tus hábitos comunicativos con la gente. Dirígete a ellos con palabras de agradecimiento, valoración, reconocimiento y admiración. Así conocerás el verdadero poder de tus palabras, para motivar y empoderar a otros.

Necesitas ejercitar el dominio propio, que te permite regular el lenguaje que utilizas. Comienza a emitir palabras clave como: «Te reconozco por...», «Te admiro por...», «Te respeto por...», «Te agradezco por...», y conviértelas en un hábito comunicativo.

Las palabras de ánimo son medicina para los demás. Si amas tu vida, refrena tu lengua del mal. Porque las malas conversaciones corrompen las buenas costumbres. Utiliza bien el poder de tus palabras.

EJERCICIO

Sobre el impresionante resultado que obtendrás al declarar.

El doctor Masaru Emoto es un investigador científico, reconocido por sus famosos experimentos con moléculas de agua en los que tomaba miles de moléculas y les decía diferentes tipos de palabras y expresiones.[20]

A las primeras les decía que las amaba y les daba gracias. A las segundas, que las odiaba y las iba a matar. El resultado fue impresionante: las moléculas amadas lucían como preciosas y brillantes joyas. Las odiadas, como horribles costras oscuras y con necrosis.

La teoría del doctor Emoto se basa en que: «Si el cuerpo humano es 60 por ciento agua, las palabras y sentimientos positivos producen vida saludable. Los negativos producen efectos muy dañinos en nuestras células».

El reciente experimento del doctor Masaru Emoto es más impresionante aún:

Tomó tres recipientes con un poco de arroz crudo cada uno.

- Al recipiente # 1 lo llamó «Gracias»
- Al recipiente # 2 lo llamó «Idiota»
- Al recipiente # 3 no le escribió nada, para ignorarlo.

Durante treinta días le expresaba a cada uno la palabra que había escrito en la etiqueta. El resultado sorprendente fue: el recipiente # 1 se enriqueció con un color y aroma muy agradables. El recipiente # 2 se enmoheció con un horrible tono verdoso. El recipiente # 3 se ennegreció con un tono de pudrición.

Realiza tú el ejercicio:

Toma tres recipientes. Introduce dos porciones de arroz cocinado en cada uno. Escribe las palabras: GRACIAS e IDIOTA en los dos primeros. Y en el tercero, nada. Durante un mes dile a cada uno de los dos primeros la palabra escrita en su sello. Y al tercero, ignóralo. Encontrarás el resultado en la forma como lucirán a través de tus afirmaciones.

Lo más importante, comienza a realizar el ejercicio de dar GRACIAS a las personas a tu alrededor, y analiza la transformación de tus relaciones interpersonales, cada vez más asertivas.

Motivar: mantener la automotivación regulada y el ánimo resuelto

«El logro real no depende tanto del talento como de la capacidad de seguir adelante a pesar de los fracasos».[21]

Daniel Goleman

UNA PERSONA CON INTELIGENCIA EMOCIONAL BUSCA SIEMPRE automotivarse y no se deja dominar por el impulso de sus emociones y sentimientos que le llevan en muchas ocasiones a perder el ánimo para cumplir una meta, o a desenfocarse de su propósito, por falta de motivación propia.

Sin capacidad de automotivación no somos asertivos, porque no contaremos con el suficiente impulso para decir sí o no. Tampoco para realizar aseveraciones o afirmaciones determinadas. Porque la motivación es lo que produce presencia de ánimo, e impulsa como un motor el carro de nuestra vida hasta llevarlo al lugar de destino.

La automotivación es la habilidad de darnos a nosotros mismos el impulso, el interés, la energía y el ánimo que conducen a la acción. Para lograrlo, requerimos de competencias comunicativas como la de ser optimistas. Porque permite el control de impulsos, inhibe los pensamientos negativos y nos ayuda a mejorar las expectativas para conducirnos a las metas trasadas.

En los momentos difíciles, cuando vienen las pruebas, las tribulaciones, el agotamiento desmedido o los sentimientos de dolor, frustración y fracaso, es cuando sabemos en qué nivel se encuentra nuestra habilidad de automotivarnos. Solo si nos encontramos automotivados lo suficiente podremos alcanzar el triunfo sobre el desánimo, y encontrar, como dice el escritor de *Liderazgo*, John C. Maxwell: «El lado positivo del fracaso», es decir, la forma de dar respuesta a la adversidad. El autor afirma: «La principal diferencia entre la gente que alcanza metas y la gente promedio es su percepción y respuesta al fracaso».[22]

Incluso para los actos más sublimes, como el de reflexionar, meditar, orar, buscar la luz de Dios, encontrar paz en él, necesitamos realizar el acto de tomar la decisión y comenzar la tarea, como quien inicia una disciplina. Después se convertirá en un hábito que producirá deleite.

Esa es una automotivación que proviene de la fuente interior de su inspiración, y la renovación de las fuerzas, día tras día. Podemos avanzar con la certeza de que todo lo podemos en él, que nos fortalece. Entendemos que su poder se perfecciona en nuestra debilidad. Entonces somos automotivados en medio de la perfecta paz, que sobrepasa todas las expectativas y el entendimiento.

La automotivación puede ser interior y/o exterior

Al hablar de automotivarnos es preciso aclarar que contamos con dos canales motivacionales. Uno intrínseco y otro extrínseco. El primero proviene de la propia fuente íntima, del ser interior. El segundo, de fuentes externas, ajenas a nosotros mismos.

La automotivación interna (intrínseca) proviene de la pasión propia por realizar una actividad u oficio. O por la atracción natural hacia algo o alguien. Con ese impulso propio, realizamos las tareas con gran cantidad de interés inagotable, con capacidad de mejoramiento continuo y desarrollo de habilidades personales que nos llevan a conseguir cualquier propósito o meta establecida.

Involucra aspectos determinantes como la satisfacción personal de la tarea, el placer que implica, la reinvención para realizarla, el cumplimiento de metas para lograrla, el alcance de los sueños, las aspiraciones y el deseo natural de conseguir logros. Cuando se consigue la automotivación interna, la gestión de resultados puede ser extraordinaria.

La automotivación externa (extrínseca) proviene de factores externos a nosotros, y por lo general nos conduce a realizar tareas que no nos resultan tan agradables, pero nos mueve la satisfacción de los resultados que podremos obtener y que implican un triunfo o recompensa especial. Como la higiene dental o de la casa; las calificaciones o el diploma en la Universidad; el ascenso o aumento de pago en la empresa. Por lo general, no se trata de actividades que resultan tan placenteras, pero conducen al éxito.

Por eso resulta de tanta importancia conseguir la motivación externa suficiente para realizar este tipo de actividades que requieren autorregulación del sentido de la disciplina y la responsabilidad, para contar con la suficiente automotivación necesarias para el emprendimiento de ellas.

Conseguir la suficiente motivación exterior, a partir de recompensas, conducirá a las tareas más agradables y a las soluciones más prontas para resolver los conflictos. Por supuesto, es más sencillo conseguir este tipo de motivación extrínseca que la intrínseca. Porque al enfocarnos en las metas, como recompensas tangibles o intangibles, esto nos ayudará a avanzar con mayor impulso y resolución.

Lo que necesitamos es lograr que esas motivaciones extrínsecas sean tan bien planteadas que se puedan llegar a convertir en motivaciones intrínsecas. Para ello requerimos de un serio plan que nos lleve a romper paradigmas y a desaprender. Al tiempo que logramos concientizarnos de la importancia de mantenernos automotivados, incluso en los momentos más duros.

Factores que determinan la automotivación

La automotivación que nos convierte en seres asertivos en las relaciones y la comunicación interpersonal se logra a través de varios factores determinantes que necesitamos concientizar como:

- Escoger ganar: el fracaso no es el camino.
- Ser persistente: persistir es la única forma de lograr algo.
- Pensar con flexibilidad: mirar el cambio como una oportunidad de éxito.
- Buscar la salida optimista: los problemas son oportunidades de mejora.
- No compararse: competir con nosotros mismos.
- Avanzar hacia el crecimiento: la innovación como canal de impulso.
- Eliminar el conformismo: cambiar la resignación por la pasión por el logro.

Sugerencias para practicar la automotivación

- Organizarse y planear: usar una buena agenda o el calendario semanal, mensual y anual en el celular, pueden servir de gran apoyo para lograr el reto de «resolver las cosas», tal como lo menciona en sus libros y conferencias David Allen, escritor, orador, consultor e instructor de productividad estadounidense, autor de *Organízate con eficacia* (2001), *Sé más eficaz* (2003) y *Haz que funcione* (2008).

David Allen, quien es uno de los *speakers* invitados a la plataforma de mentores y *speakers* CLIC Mentors,[23] en su libro, *Organízate con eficacia*, explica el método GTD, para liberar la mente de las tensiones que inhiben nuestra creatividad y solucionar ansiedades en todos los aspectos de la vida.[24]

Si hay algo que impide la automotivación inteligente es la falta de organización, porque nos llena de tensiones y nos roba toda la energía. Por eso, solucionar los procesos puede ser la llave para conseguir el impulso que necesitamos.

- Convertir el gozo en fortaleza: la historia del libro de Nehemías es una de las más apasionantes y ejemplarizantes acerca del valor de la automotivación. Él debía reconstruir los muros destruidos y en ruinas de la ciudad. Para lograrlo, le era necasario superar todos los impedimentos que intentaron anteponerle los enemigos de su misión: estrategias como la de generarle desánimo por medio de la burla y el desprecio, también la de invitarlo a varios eventos distractores para apartarlo del enfoque.

  Todo atentaba contra su propósito. Sin embargo, él se mantuvo firme en la tarea, y no solo se automotivaba, sino que impulsaba a toda su gente cuando estaban desanimados, temerosos o agotados. Como líder asertivo, los animaba con coraje para conseguir el objetivo. Fue así como, con una mano en las herramientas para la obra y con la otra en la espada para la batalla, ellos concluyeron la tarea y mantuvieron la motivación hasta el final, sin dejarse distraer ni desenfocar.

  La declaración más impactante de Nehemías para lograr mantenerlos firmes en la meta propuesta fue: «No estén tristes pues el gozo del SEÑOR es nuestra fortaleza».[25]

  Impresionante frase, en medio de la tarea dura y de los enemigos que le presionaban para llevarlo a desistir.

Nehemías es la evidencia de un líder de éxito que ayuda a entender como, por medio del gozo, un equipo puede conseguir la motivación suficiente para continuar, sin desmayar, y con el gozo infranqueable, intacto, creciente e inefable.

Cuando contamos con el fruto del gozo en nuestro ser interior, la automotivación fluye, y es más seguro que logremos ser asertivos en lo que transmitimos a los demás. Pues el gozo se convierte en nuestra principal fortaleza.

- Relacionarse con gente motivadora: uno de los mejores aportes a la automotivación son las personas que nos rodean. Su influencia cuenta con el poder de levantarnos hasta la cima o hundirnos debajo del lodo de la tierra. El viejo adagio popular dice: «Dime con quién andas, y te diré quién eres». Quiere decir que la manera como nos rodeamos se relaciona en forma directa con la forma en que nos perciben y en que actuamos.

Estar bien rodeados significa contar con gente que nos impulse, nos anime, nos ayude a avanzar, nos contagie de positivismo y energía para seguir, nos levante cuando estamos caídos, nos apoye cuando estamos arriba, para que sigamos sin detenernos. Por eso, si queremos estar seguros de no dejarnos bajar el ánimo, es importante que pensemos bien con qué clase de personas queremos seguir la carrera.

Por supuesto que no siempre podemos escoger la gente con quien queremos avanzar. Muchas veces vamos a necesitar automotivarnos, incluso con personas difíciles de soportar. Ese es el reto más alto. Puede ser que nos rodeen personas tóxicas, de las cuales no podemos despedirnos, porque son parte del equipo de trabajo, los jefes, los subalternos. También puede ser la gente cercana, como la familia o los que llamamos «seres queridos» que, en algunos casos, no son tan «queridos», sino que se convierten en los más complicados, difíciles de sobrellevar, y hasta pueden llegar a actuar como enemigos en tu propia casa.

En ese caso, necesitamos usar todas las claves y herramientas para saber cómo manejar a gente tóxica y personas difíciles. Ese es el tema de una de las 21 claves para ser asertivos tratadas en esta obra, y necesitamos estudiarla a fondo para aprender a practicarla día a día, y así saber cómo tratar a este tipo de personas que, por lo general, consiguen manipular, meter culpa y nivelar hacia abajo hasta al más convencido de sí mismo.

Ser asertivos con gente tóxica y difícil requiere de altas dosis de automotivación, fundamentada en el equilibrio entre valores como la humildad y la dignidad, el perdón y el coraje, el amor y la firmeza.

Desarrollar la capacidad de resiliencia

La capacidad de ser resilientes nos impulsa hacia la automotivación. La resiliencia es una habilidad de la física, que lleva a un elemento que ha sido expuesto a otro elemento perturbador, a volver a quedar en el mismo estado en el cual se encontraba. Por ejemplo, un tipo de caucho, que después de ser estirado al máximo, maltratado y golpeado, puede volver a quedar en el mismo estado en el que se encontraba al principio.

Los elementos perturbadores externos, en el caso de la persona resiliente, pueden ser las circunstancias adversas, las personas agresivas o maltratantes, la gente tóxica, los manipuladores, narcisistas, abusadores, intimidantes, quejumbrosos, perezosos, cínicos, sarcásticos, envidiosos, celosos, rebeldes sin causa, o cualquier otra clase de persona difícil que perturbe la paz interior y la estabilidad emocional. A pesar del dolor y el maltrato, las personas resilientes logran recomponerse y reinventarse, para quedar en el mismo estado o aun mejor que antes.

Uno de los más sabios proverbios de Salomón dice: «Porque siete veces podrá caer el justo, pero otras tantas se levantará».[26] La automotivación cimentada en la justicia nos levanta con nuevas fuerzas que no se disminuyen sino que aumentan, como las de un búfalo. De esa manera, la automotivación convierte la adversidad en una extraordinaria y valiosa oportunidad de mejora continua.

Existen tres factores básicos que impiden la automotivación. Es importante que identifiquemos cuáles de ellos nos pueden boicotear e impedir que avancemos con las oportunidades para conseguir los objetivos trazados. Esos tres factores básicos son: distractores, negligencia y dependencia.

1. Distractores: a veces los distractores se convierten en los principales enemigos de nuestra asertividad, porque no nos permiten direccionar una conversación al punto central, sino que le damos vueltas con informaciones que distraen y apartan de la idea de enfoque. En este caso, es necesario contar con la habilidad de ser puntual, concreto, directo y exacto, sin salirse de los límites del tema que vamos a tratar, para conseguir enfocarse en el punto exacto que necesitamos tocar, para dar en el blanco central con suficiente tino.

2. Negligencia: hay quienes dicen que la pereza es la madre de todos los vicios, y creo que uno de esos «vicios» es la falta de asertividad, causada por una de las formas más fatídicas de abandono personal, que es la pereza mental. A través de la desidia y el desgano es imposible ser afirmativo. Los asertivos se muestran diligentes, contundentes, dispuestos, determinados y esforzados, no solo en lo que dicen, sino también en la forma como lo dicen, con proactividad, ánimo y entusiasmo contagiosos.

Las personas que hablan con desgano, como si les costara trabajo comprometerse con el tema y con las personas que les escuchan, se mantienen oprimidos por su propia pereza y, lo peor, se la transmiten a los demás, lo cual les impide ser asertivos.

En este caso, es necesario trabajar herramientas para la proactividad y el compromiso responsable (*accountability*) que nos lleven a una forma de conversar con ánimo resuelto. La gente que muestra «ganas» de convencer, al final convence. Si le pones ganas... ¡ganas!

Es clave entender que las «ganas» de comunicarse, no aparecen de la nada. No esperemos a que lleguen para comenzar a comunicarnos. La fórmula es al revés: primero es necesario entrar en la acción. Luego, como resultado de la sinergia, vendrá la automotivación, como consecuencia de la decisión y la acción.

Si nos cuesta trabajo creer en las grandes metas y realizaciones idealistas e inalcanzables, necesitamos construir la estrategia para comunicarnos como seres asertivos, con objetivos realistas.

En este caso, por encima de todo, es necesario que renunciemos a la negligencia, la pereza, el desánimo, la evitación y la postergación, que destruyen todas las posibilidades de avanzar hacia las relaciones constructivas y enriquecedoras, con una comunicación llena de energía. Si es necesario, busquemos la forma de autopremiarnos cuando logremos el emprendimiento comunicativo. La diligencia es asertividad efectiva.

3. Dependencia: el hecho de depender de otros destruye las posibilidades de automotivación, porque siempre esperamos a que el otro defina, decida, piense y actúe por nosotros mismos. La dependencia emocional, económica, o de cualquier índole, es un detonante de la adicción a la aprobación o a la desaprobación.

Nos mantiene esclavizados a la otra persona, lo cual impide cien por ciento la probabilidad de vivir automotivados. Por el contrario, nos lleva a la absoluta anulación y postración, que nos deja sin ninguna motivación para nada, incluso para el acto básico de vivir.

Es necesario salir de la caja que nos mete en el autoengaño de la codependencia, porque arruina la automotivación. Debemos comenzar a vivir la libertad y la paz interior de la no dependencia. Esto incluye motivarnos a nosotros mismos a salir de la servidumbre emocional que nos impide comunicarnos con fluidez, sin ataduras y con completa libertad.

EJERCICIO

Desarrolla la habilidad de automotivarte.

1. Inicia tu día con una declaración: el acto de desearle lo mejor a alguien y expresarlo con una declaración específica de «bien decir», te llevará a empezar el día con una «bendición» que te dará un impresionante impulso. Puedes declarar frases como:

   - Este es un bello día... ¡Lo voy a disfrutar al máximo!
   - Mis hijos son los mejores, y les va a ir bien en todo.
   - Mi esposo es un ser maravilloso, y lo voy a hacer muy feliz.
   - Amo mi trabajo, porque me permite la provisión de cada día.
   - Amo la ciudad donde vivo, aunque tenga problemas de movilidad.
   - Soy una persona saludable, porque me amo, me valoro y me cuido.
   - Todo te va a salir bien, amigo, sigue adelante...¡ánimo!

2. Saca tu «yo» del centro: si todo el enfoque se centra en el «yo», la automotivación estará mal encaminada. No podrás contar con la dicha de ayudar a otros, ni disfrutar de su bienestar. Tampoco podrás alegrarte con humildad, porque al «egocéntrico» le cuesta trabajo encontrar ánimo fuera de sí mismo, y toda su vida permanece fuera del orden correcto. Algunos buenos hábitos para sacar el «yo» del centro son:

   - Ubica a Dios en el centro de tu vida y empezarás a ver el norte mejor.
   - Valora a las personas como individuos importantes.
   - Salte de la caja de tu propia autorrealización, y piensa en apoyar a otros.
   - Háblales a las personas con palabras de ánimo, agradecimiento, fortaleza.

- No te dejes desanimar por el primer ventarrón. Párate firme y avanza.
- Piensa en esto: la gente que ha caído y se ha levantado, valora más todo.
- No te dejes desmotivar cuando la gente no hace lo que tú quieres.
- No intentes manipular a las personas para conseguir tus logros.
- Vive de acuerdo al propósito diseñado para ti y recibirás la automotivación real, sin falsas expectativas.

3. Realiza actividades que te edifiquen: cuando necesites automovitarte, debes acudir a aquellas actividades que te produzcan crecimiento interior como:

- Sigue autores y mentores de calidad en contenidos que te lleven al nuevo nivel.
- Realiza un ejercicio diario. Puede ser caminar o ir al gimnasio.
- Trabaja en una actividad que te guste y te produzca pasión.
- Escribe tus logros y... ¡celébralos!

Clave #11

Descansar: saber manejar las preocupaciones que te quitan el sueño

«Creemos, por error, que el éxito es el resultado de la cantidad de tiempo que gastamos en el trabajo, en lugar de la calidad de este».[27]

ARIANNA HUFFINGTON

SI NO LOGRAS SABER CÓMO VENCER LAS PREOCUPACIONES, ESTAS terminarán por afectar todas tus relaciones. Una persona ofuscada por el afán vive furiosa, tensionada y viciada por su propia ansiedad.

Le es imposible mantener una comunicación saludable con las personas, incluso las que más aprecia. Todo porque se preocupa más por lo que tiene que «hacer» que por cómo debe «ser».

Si encuentras una, dos o varias de estas expresiones en tu comunicación diaria, o identificas a alguien que conoces y se comporta de esa manera, sin duda te encuentras ante un cuadro de malos hábitos comunicativos y la necesidad urgente de saber cómo vencer las preocupaciones.

Frases típicas de la persona con preocupaciones adictivas:

Por lo general, la gente que no sabe cómo manejar las preocupaciones se relaciona con las personas a su alrededor, su pareja, sus hijos, la gente en el trabajo o en la calle, con actitudes como:

- Las presiona porque «no se apuran», «me desesperan» y «yo estoy de afán».
- Se exaspera por todo cuando está «muy ocupado».
- Le contesta mal a la gente porque «no entienden que esto es importante».
- Se expresa con gestos bruscos, manotea o da palmadas en la mesa.
- A veces se mantiene en silencio hermético y se muestra distante.
- Corta relaciones con personas especiales que «no le aportan nada» o le «quitan mucho tiempo».
- Puede llegar a arruinar grandes oportunidades porque las personas no soportan su forma de presionar.
- Se levanta de mal genio, dice «no dormí en toda la noche», y muestra su mala cara todo el día.
- Le parecen ridículas las expresiones de afecto, porque piensa: *yo no estoy para eso*.
- O, por el contrario, quiere hablar con insistencia e intensidad del asunto que le preocupa, con demandas como: «¡Necesito que me escuches ahora mismo!».
- Vive «conectado» todo el día porque necesita «atender un asunto», y si le hablas continúa con la mirada fija en el celular o el computador mientras dice: «¡Háblame, háblame, que te estoy escuchando!», pero la verdad es que no te escucha para nada.

- Si logra desconectarse y mirarte cuando le hablas, tal vez está con la mente en el objeto de su estrés constante y sus muchas preocupaciones.

Los resultados fatales de no saber cómo vencer las preocupaciones son:

La persona que no sabe cómo manejar sus prioridades vive agobiada bajo la presión y no puede ser feliz. Si se trata de alguien introvertido, tal vez no deje aflorar sus presiones, pero el interiorizarlas en forma hermética puede llegar a ser aún más peligroso para su salud emocional, física y espiritual.

Lo peor es que ha llegado al punto de creer que son lo «normal» en la vida, porque el no saber cómo vencer el estrés crónico es un síndrome adictivo, cada vez más frecuente, que produce más del 75% de enfermedades muy comunes hoy en día, como permanentes jaquecas, úlceras estomacales, insomnio y ataques del corazón. Además, conduce a las adicciones del alcohol, cigarrillo y malos hábitos alimenticios, impulsados por el exceso de ansiedad.

Siete pasos pasa saber cómo vencer las preocupaciones:

1. No te preocupes, ocúpate: ocúpate en las soluciones, no en los problemas. Cuando le preguntaron a Winston Churchill si no le preocupaban sus responsabilidades contestó que estaba demasiado ocupado y que no tenía tiempo de preocuparse.
2. No creas que preocuparte es sinónimo de «responsabilidad»: rompe el paradigma de pensar que eres «responsable» y que por eso estás preocupado por todo.
3. Entiende que preocuparte no soluciona nada: por el contrario, produce problemas irreparables y es un detonante para el deterioro de tu comunicación con las personas.

4. Vive cada día con su propio afán: la preocupación es falta
    de fe. Recuerda la oración modelo: «Danos hoy el pan
    cotidiano». Preocuparse incluye el prefijo «pre». O sea que
    es ocuparse antes de tiempo. Si la solución no está en tus
    manos, pues preocuparte es perder tiempo. Acepta lo que
    no puedes cambiar.

5. Concientiza que las preocupaciones te bloquean y te
    impiden disfrutar la vida: si quieres ser feliz, para un
    momento, respira, mira las flores, mira las aves, que no
    se preocupan. Mantén la confianza de que «lo mejor está
    por venir». Busca primero a Dios, y todo lo demás vendrá
    añadido de manera providencial.

6. Escoge «lo mejor»: tú escoges si quieres seguir distraído
    o enfocar la mirada y confiar. La historia muestra cómo
    Jesús le dijo a Martha que estaba preocupada con muchas
    distracciones, pero que María había escogido lo mejor. Es
    decir, sentarse a escucharlo, y... ¡no preocuparse!

7. Cambia la inquietud por gratitud: no te inquietes por nada.
    Más bien, en toda ocasión, da gracias. Como resultado,
    vas a adquirir la paz que sobrepasa todo entendimiento,
    al tiempo que guarda tu corazón y tus pensamientos.
    Cambia la inquietud por gratitud, así comenzarás a
    vencer las preocupaciones en forma progresiva, segura y
    sorprendente.

EJERCICIO

Para descansar de verdad y poder retomar fuerzas y energía.

1. Escríbelo en tu agenda como # 1: si de verdad quieres ser productivo, efectivo y exitoso, comienza por priorizar el descanso como un factor determinante, no solo para conseguir resultados, sino para no ser una persona sobrecargada y de mal humor todo el día. Ubícalo en tu agenda con alarma, como la actividad más importante y urgente que debes realizar, con puntualidad y sin falta. No hay excusas que valgan.

    Y mucha atención: no te sientas culpable por descansar. Siéntete culpable por no descansar y vivir esta vida con tantos afanes y ansiedad, que te hacen descuidarte de ti y descuidar a tus relaciones.

2. Duerme bien: practica el dormir como un ejercicio, tanto o mucho más importante que ir al gimnasio. La mejor fórmula es acostarte temprano y levantarte temprano. Tal vez debas cambiar de hábitos, y no será fácil. ¡Pero valdrá la pena! Todo tu ser te lo va a agradecer, a inmediato, corto, mediano y largo plazo.

    Para ello, necesitas ayudarte con disciplinas prácticas como:

    *   Apaga el celular y déjalo lejos de la cama.
    *   Saca la TV del cuarto, o apágala temprano siempre.
    *   Deja los afanes y la ansiedad afuera de tu cuarto, no les permitas entrar.
    *   Haz de tu habitación un lugar feliz y tranquilo.
    *   Cierra la puerta y habla con Dios en el secreto de la intimidad. Verás la recompensa en público.
    *   Apaga la luz como disciplina, con horario.

3. Desconéctate del trabajo y los afanes: será imposible descansar si no empiezas a desarrollar el hábito de desconectarte del quehacer diario. El paradigma que debes romper es: «Soy más productivo si trabajo más y más». No es cierto. Serás más productivo si trabajas en orden, comienzas más temprano, te organizas, y te desconectas a la misma hora siempre, para darle paso a las demás actividades y a las relaciones interpersonales importantes en tu vida.

   Piensa en una hora exacta en la que creas conveniente cerrar todos los días el computador, ordenar el escritorio y cerrar la oficina, cinco o seis de la tarde, por ejemplo.

Realiza ese hábito todos los días en tres pasos:

1. PARAR, 2. PARAR, 3. ¡PARAR!

Aprovecha al máximo el tiempo que te va a quedar libre para descansar, disfrutar de tus relaciones interpersonales y ser feliz. La vida te va a cambiar.

Salir de la zona de confort: emprender en vez de procrastinar

«No te pongas a contemplar toda la escalera, simplemente da el primer paso».[28]

MARTIN LUTHER KING

LA PROCRASTINACIÓN ES EL PÉSIMO HÁBITO DE POSTERGAR, APLA-zar, posponer y dejar para después. Si no sabes cómo dejar de procrastinar, no solo afectarás tu imagen personal ante los demás, sino que también perderás relaciones y oportunidades valiosas.

A nadie le gusta trabajar, formar equipo o establecer una relación de pareja con una persona con la mala costumbre de aplazar las tareas y responsabilidades para última hora. Porque por el camino del «ya voy», o del «ya casi» se llega al nunca jamás.

Para saber cómo dejar de procrastinar es importante revisar cuáles son las razones que te conducen a postergar tus tareas y cómo causa daño a tu propia vida y a la de las personas que te rodean.

Si pospones tus tareas, bajo el vicio de «dejar todo para después», la vida se te convierte en una evitación y una dilación permanente y malsana que te impide una comunicación saludable con los demás, ya sea en el trabajo o en la vida personal.

Actitudes y respuestas más comunes de los diferentes tipos de procrastinadores:

- Siempre evitan hacer aquello que saben que tienen que hacer.
- Prefieren hacer cualquier otra cosa, en vez de lo que deben hacer.
- El «dejar para más tarde» es un patrón habitual de su conducta.
- Siempre vacilan y prefieren esperar para entregar su trabajo «hasta que esté perfecto».
- Les da miedo hacer el ridículo y por eso postergan lo que quieren emprender.
- Se distraen con facilidad con los factores externos.
- Anteponen la diversión a la obligación.
- Por lo general la pereza les gana a sus decisiones y metas.
- Crecieron en una cultura de «deje así, que no pasa nada», y la repiten en casa.
- Siempre se dan «un ratico más» para pasarla bien, y les aburre la disciplina.
- Una de las respuestas más comunes a las tareas es: «¡Qué jartera (aburrimiento) hacer eso!».
- Por lo general se autodisculpan con frases como: «Mejor mañana, porque hoy está lloviendo» o «Hay mucho sol».
- Viven ofuscados por «demasiadas tareas» y suelen decir: «No tengo tiempo para eso».
- Les cuesta trabajo delegar, se enredan en muchas cosas urgentes, por eso deben posponer asuntos importantes y prioritarios.

Algunas frases típicas de las personas que no saben cómo dejar de procrastinar y su significado:

- «¡Qué pereza!» (Cultura).
- «Mejor mañana» (Malos hábitos de aplazamiento).
- «Pero... ¿para qué?» (Desmotivación).
- «¿Y que tal qué?...» (Evitación por miedo).
- «Empiezo pero no termino» (Falta de perseverancia).
- «Estoy lleno de cosas en mi escritorio» (Desorden).
- «No lo botemos, guardemos que de pronto sirve» (Mentalidad de pobreza).
- «Mejor me meto a chatear en redes» (Enfoque en el placer).
- «Durmamos un rato más que todavía hay tiempo» (Falta de disciplina).
- «Esa no es mi tarea» (Falta de responsabilidad).
- «Qué importa, si esto no es mío» (Falta de sentido de pertenencia).
- «Primero lo mío... después lo demás (Egocentrismo, falta de empatía).
- «Para qué me esmero si siempre seré un fracasado» (Baja autoestima).
- Ni lo intento, porque nunca lo voy a lograr» (Programarse para perder).

Consecuencias y efectos fatales de procrastinar:

- Pérdida de la confianza en sí mismo como persona.
- Daño irreparable a su imagen (marca) personal.
- Fama de retraso, impuntualidad, incumplimiento o entrega fuera del plazo.
- Pérdida de la credibilidad.
- Estrés y angustia por el tiempo que pasa sin avanzar.
- Malas evaluaciones, testimonios y calificaciones de su labor.

- Estigma y etiqueta de «postergador».
- Estancamiento e imposibilidad de ascender.
- Deterioro de la relaciones interpersonales por desánimo.

Pasos para saber cómo vencer la procrastinación:

1. Reconocer su fatal efecto como un enemigo.
2. Entender los beneficios de superar la dilación: cumplir tus metas, lograr tus sueños, y tener la dicha y satisfacción por satisfacer a otros.
3. Tomar elecciones y decisiones definitivas para el éxito.
4. Utilizar técnicas para cambiar los malos hábitos y conductas: conteo regresivo en la mente: 5, 4, 3, 2, 1, 0... y ¡arranco!; programar la alarma para autorregular los límites de tiempo.
5. Realizar tareas de diez minutos para que no produzcan pereza.
6. Darse premios cuando se logran las metas.
7. Convertir la efectividad en un hábito. Usar agendas y chequear que se cumplan.
8. No dejarse distraer: ponerle límites al uso del celular y el computador.
9. Cambiar el placer de la pereza por el de la efectividad.
10. Cultivar la automotivación como un fruto del dominio propio.
11. Volver la pronta respuesta parte de tu marca (*branding* personal).

EJERCICIO

Realiza estas dinámicas para dejar de procrastinar... ¡No las aplaces!

Se sabe que los procrastinadores número uno son los niños. Ellos cuentan con un sentido de responsabilidad poco o nada desarrollado y su mente siempre está volando. Se distraen de fácil manera y no terminan lo que empezaron.

Los docentes que trabajan con niños saben que la mejor manera para lograr que un niño no deje para más tarde lo que debe hacer ahora, es añadir motivación a la tarea para que de alguna forma sea divertida.

De la misma manera funcionamos los adultos.

1. Identifica cuáles son las tareas que sueles procrastinar: ¿hacer ejercicio? ¿Llamar a tu mamá para saber cómo está? ¿Comenzar a escribir el libro que siempre haz querido?...

2. Logra que la tarea sea más divertida, realiza actividades interesantes y entretenidas en el intermedio. Por ejemplo: cuando salgas a trotar, graba una lista de reproducción con diez canciones que te produzcan ánimo. Ya sabes que cuando escuches la décima, habrás terminado tu rutina. Cuando vayas a trotar, diviértete con cosas cotidianas como: cuenta cuántos carros rojos ves por la calle. Si estás en el gimnasio, apuesta contigo mismo quién de los que están en el salón durará menos tiempo en la elíptica. ¡Será más fácil y entretenido!

3. Piensa en cómo autopremiarte. Si superaste todos los obstáculos mentales y llevaste a cabo la tarea que solías procrastinar, como la de hacer ejercicio, por ejemplo, ¡celebra contigo mismo! Cómete un pedacito de ese postre que tanto te gusta, o descansa con una película que quieres ver, o cómprate el artículo que necesitas y te gustaría adquirir.

Plantarse: controlar el miedo y el pánico que te paralizan

«Nada en la vida debe ser temido, solamente comprendido. Ahora es el momento de comprender más, para temer menos».[29]

MARIE CURIE

APRENDER CÓMO VENCER EL MIEDO TE AYUDARÁ TANTO PARA EL dominio de un público, como para ser capaz de relacionarte bien, aprovechar oportunidades de negocios y comunicarte con las personas con libertad, absoluta confianza y coraje.

Entre las emociones que experimentas día a día, la del temor es una de las que bloquea de manera más fuerte tu posibilidad de mantener una comunicación saludable con los demás.

Para saber cómo vencer el miedo es necesario identificar la manera más usual que utilizas para enfrentarlo. Puedes actuar y responder al miedo desde diferentes posturas, según sea tu perfil de personalidad, temperamento o cultura. Las tres opciones más comunes de acción ante el miedo son:

1. Huir: para evitar afrontarlo y escapar de lo que te atemoriza.
2. Enfurecerte: para actuar en tu defensa y no permitir que te hagan daño.
3. Paralizarte: por el pánico que te impide actuar y te bloquea por completo.

El miedo te lleva a programarte para que te suceda justo eso que temes que te podría pasar. Job, el hombre de la paciencia, llegó a decir: «Lo que más temía, me sobrevino. Lo que más me asustaba, me sucedió».[30] Casi siempre ese temor imaginario por adelantado es a lo peor de lo peor.

A nivel fisiológico, el miedo se produce cuando reacciona la amígdala que responde frente a estímulos externos. Puede ser incluso algo como la posibilidad de una ruptura de pareja, la reacción negativa de tu jefe, pelear con tu mejor amigo, una escena de rebeldía de tu hijo, la primera cita de conquista con alguien que te interesa, o cualquier otra situación social que te ubique en una posición vulnerable extrema.

La emoción del miedo la experimentas para defenderte o protegerte de aquello que te puede afectar. Es parte de tu sentido natural de autoprotección. Lo que no es natural es vivir con miedo permanente, porque eso te puede conducir a escenas de celos, envidias, pleitos, malas palabras o agresiones, debido al miedo recurrente, que puede acabar con tus mejores relaciones.

Las concecuencias del miedo constante:

Puedes saber cómo vencer el miedo y sus resultados con determinación, si primero conoces bien sus consecuencias. Entre las más frecuentes se encuentran:

- Ansiedad: esta emoción de angustia o aflicción es la respuesta ante algo que consideras una amenaza peligrosa. Te produce un sentimiento desagradable y mucha tensión. Cuando es leve, no exagerada, se considera positiva hasta cierto punto, porque te ayuda a asumir las medidas para enfrentarte a cualquier riesgo. Pero cuando es recurrente o permanente puede ser muy enfermiza. Deposita en Dios toda tu ansiedad, mantén la confianza en la seguridad de que él cuida de ti.

- Hipocrondría: es un trastorno que produce ansiedad acerca de lo que puede suceder con la salud personal, con una fuerte tendencia a exagerar la manera de sufrir por cualquier dolor o malestar físico. La gente hipocondríaca no suele relacionarse bien, porque a nadie le agrada mantener una comunicación con alguien que todo el tiempo habla de sus males y pesares. Se vuelve desesperante y desagradable. Por eso la gente la evitará y terminará por no prestarle atención a sus descripciones permanentes y exageradas de males de salud.

   Desarrolla el hábito de hablar de tu estado físico con fe, confianza y seguridad. Declara tu bienestar y tu salud con regularidad. Así le transmitirás a tu cerebro, a tu existencia y a toda la gente a tu alrededor, la permanente sensación de bienestar que redundará en relaciones interpersonales agradables y literalmente saludables.

- Estrés: es la reacción de tu organismo ante una posible amenaza o desafío, con mecanismos de defensa. Tu cuerpo responde con lucha o huida. Te puede producir emociones y sentimienos de tristeza, irritabilidad, indiferencia o inestabilidad. Existe el estrés positivo, que es un proceso natural de adaptación y te ayuda a resolver una situación. Pero el estrés negativo supera el potencial de equilibrio y genera cansancio, ansiedad o furia. También malestares físicos, por la cantidad de energía, el acelerar, la ausencia de descanso y la pérdida de tus fuerzas. No te afanes por nada, y la paz de Dios que sobrepasa el entendimiento, cuidará tu corazón y tus pensamientos.

- Insomnio: es la enfermedad que te dificulta iniciar o mantener el sueño. Limita tu efectividad con somnolencia en la mañana, baja tu nivel de concentración y tu actividad. El miedo es uno de los principales causantes del insomnio. Puede producirte depresión, accidentes, irritabilidad, mala memoria, desorientación y conflictos. Si dura más de seis meses es crónico y necesita medicamentos. Se recomienda que no sean prolongados y mejor optar por terapias conductuales. Lo más apropiado es manejar buenos hábitos de sueño, con horarios fijos. Descansar y dormir en paz, para restaurar y conservar tu energía.

- Fobias: son trastornos de tu salud emocional, con miedos intensos y desproporcionados ante ciertos objetos o circunstancias. Si es miedo al encierro se le llama claustrofobia. El miedo a los insectos es entomofobia. Las fobias son tus miedos más complejos. Pueden ser un rechazo total hacia algo, como el miedo a los extraños, llamado xenofobia.

Tu mejor opción es cambiar el hábito del miedo y la ansiedad por el de la confianza y la tranquilidad. Recuerda siempre que el amor perfecto echa fuera el temor.

Siete pasos para saber cómo vencer el miedo:

Para saber cómo vencer el miedo es necesario llevarlo al escenario del dominio propio. Porque, por lo general, cuando sientes miedo pierdes el control, y te conduce a imaginarte incluso problemas o desastres inexistentes. Te conviertes en una persona tímida y falta de templanza. Dios no te dio un espíritu de cobardía, sino de poder, amor y dominio propio. Los pasos son los siguientes:

- Autorregula la ansiedad compulsiva a través del lado calmado y tranquilo de tu cerebro que controla tus emociones.
- Desarrolla el «músculo» del análisis mesurado en medio de la turbulencia producida por el miedo y el nerviosismo.
- No te enfoques en forma obsesiva en lo peor que va a suceder, sino en las alternativas para que suceda la mejor salida.
- Admite que sientes miedo y así serás capaz de superarlo. No sientas que eres débil al aceptarlo. Por el contrario, te sentirás más fuerte si lo logras.
- No respondas de manera reactiva a los estímulos externos negativos. Ponle límite a las malas noticias en los medios y las redes sociales.
- Descarta la opción de permanecer en modo «vigilancia» y alarma permanente.
- Desarrolla tu confianza en Dios como recurso infalible, y acude siempre a su clave de seguridad que aparece en Isaías 41.10: «No temas, porque yo estoy contigo».

EJERCICIO

Desarrolla estas dinámicas para tratar con tus miedos y desarrollar confianza:

1. Crea un ambiente cómodo en el que puedas estar solo, tranquilo y en silencio.
2. Identifica tu miedo. Piensa en eso que te produce pánico, puede ser una o varias cosas. Trae a tu memoria esos momentos en que has sufrido por culpa de ese temor.
3. En una hoja escribe, pinta, dibuja... plasma lo que ese miedo significa para ti.
4. Busca un lugar seguro al aire libre y quema ese papel.
5. Declara con voz audible, mientras lo quemas, que ese temor ya no tiene más dominio sobre ti y que eres libre, porque Dios te diseñó para no estar sujeto a la esclavitud emocional de los temores que te paralizan, sino para ser libre.
6. Busca la forma de enfrentarlo. Propicia momentos y espacios para confrontar tu miedo. Por ejemplo, si se trata del pánico escénico, o sea, el miedo a hablar en público, en la próxima reunión entre amigos propón un brindis y di unas palabras. O postúlate para exponer tus ideas en la próxima reunión de la empresa, o en el evento de lanzamiento del nuevo programa.
7. Valora estos pequeños espacios que te ayudarán a desarrollar el músculo de la confianza. Vas a superar poco a poco ese pánico que creías insuperable.

Cuando menos lo esperes, no solo habrás superado tu miedo, sino que verás cómo empiezas a disfrutar esos espacios que tanto te angustiaban.

Clave #14

Disfrutar: dejar de quejarte tanto y murmurar por todo. Dar gracias para ser feliz

«La gente agradecida es más feliz porque en vez de preocuparse por las cosas que le faltan, agradece por lo que tiene».[31]

Dan Buettner

EN SU LIBRO ¡*GRACIAS!*, EL RECONOCIDO AUTOR, ROBERT EMMONDS, confirma que sentir gratitud produce beneficios importantes para nuestra calidad de vida. No solo la alarga y la mejora, sino que además ayuda a la prevención de enfermedades y es una fuente de energía permanente. Emmonds es sicólogo, profesor de la Universidad de California, y escribe en medios de comunicación como *Newsweek, The Washington Post* y *Time*.[32]

Sin duda, el agradecimiento es factor determinante para el mantenimiento de la felicidad y el bienestar. En unión de otro famoso sicólogo, McCullough, Robert Emmonds redactó un artículo en el que plantea las diferentes formas desde donde proviene la gratitud. Veamos aquí algunas de ellas:

- Gratitud como expresión emocional: cuando recibimos un regalo o nos tratan con bondad y afecto, o nos ayudan con alguna necesidad... podemos expresar felicidad y alegría por medio de expresiones emocionales plenas de gratitud.
- Gratitud como parte de la personalidad: existen personas que, como parte de su sello personal, son agradecidas. A veces por naturaleza, en otros casos aprendida, a través de la educación y la cultura que ha forjado su carácter.
- Gratitud como virtud moral: porque la facultad de ser agradecido se convierte en una de las principales virtudes y cualidades positivas del ser. Tal como lo afirmó el orador y filósofo romano, Séneca: «Nada es más honorable que un corazón agradecido».[33]
- Gratitud como hábito: en este punto se destaca la importancia de dar gracias por los detalles del día a día que siempre pasamos por alto y que son muy importantes. Dar gracias por las cosas más simples y también por las más complejas. Hasta que se nos convierta en uno de los hábitos más edificantes de nuestra comunicación saludable.
- Gratitud como forma de afrontar algo amenazante: cuando tenemos una segunda oportunidad, ante un suceso de sufrimiento, conflicto, o la cercanía a la muerte, nos sentimos profundamente agradecidos por la felicidad que nos produce la posibilidad de renacer o de la restauración de lo que se consideraba perdido o en riesgo de perderse.
- La gratitud como indicador de la gente de potencial: en mi caso, como mentora y autora de comunicación,

experimento una especial atracción por el estudio del valor de la gratitud dentro de las competencias del ser comunicativo. He llegado a la conclusión de que las personas que desarrollan conversaciones desde la gratitud, se muestran mucho más asertivas, tanto en las reuniones formales de empresas y equipos de trabajo de alto rendimiento, como en las informales, o en las redes sociales *online*. Porque cuando crecemos en agradecimiento, las conversaciones plantean afirmaciones desde un punto de vista más agradable, saludable y feliz.

La gente agradecida cuenta con una posibilidad mucho más alta de desarrollar la asertividad como parte de sus virtudes, porque no se muestra agresiva, pero tampoco pasiva. Presenta una especial inclinación hacia la libertad de su expresión oral y corporal.

Por lo general, las personas agradecidas desarrollan la energía propia para proyectarse como parte de lo que llamamos en mis clases: «Gente de potencial». Tal como lo expreso en mi curso *online* para maestría de universidad y en mi libro: *Power People. El poder de la comunicación inteligente.*[34]

En este proceso de investigación he descubierto con fascinación que, desde la filosofía, la literatura, las religiones y la conciencia social, grandes autores, pensadores, estadistas y gurús mundiales a lo largo de la historia universal, han hablado de la gratitud como una virtud esencial e incomparable para el desarrollo del ser humano.

Desde la mirada bíblica, encontramos muchos versículos, del Antiguo y Nuevo Testamentos, que resaltan el valor de la acción de gracias y las bendiciones incontables que se reciben como consecuencia de un corazón agradecido. «Estén siempre alegres [...] den gracias a Dios en toda situación», dijo Pablo.[35]

Llama la atención el énfasis en dar gracias «en toda situación», como una invitación a mostrar gratitud en lugar de quejarse, aun en medio de las circunstancias o los momemtos difíciles de la vida.

El secreto de la gente libre: dejar de quejarse y agradecer

Aprender a conocer cómo dejar de quejarse y empezar a agradecer es una de las llaves de uso diario para lograr entrar por la puerta grande del cambio de hábitos de tu comunicación saludable.

Quejarse es rezongar, gruñir, protestar, mascullar... Es una expresión negativa, de dolor o pena. Se produce por un mal sentimiento que te mueve a mostrar disgusto, inconformidad o ira por algo que sucede, por una persona, por ti mismo, por cualquier cosa o... ¡por todo!

Saber cómo comenzar a ser agradecidos y dejar de quejarse tanto es la clave de las personas que viven libres, felices y muchos más años, rejuvenecidos. Por lo general, la gente que se queja mucho presenta la tendencia al envejecimiento más pronto y desagradable. Mientras que los que hablan y se comunican sin quejarse, de manera positiva, cuentan con una vejez feliz, agradable, saludable y llena de vida.

La queja es una muestra de lo que sucede en el interior de una persona. Por eso para saber cómo dejar de quejarse es necesario conocer cuáles son los motivos que le llevan a quejarse tanto.

Un corazón amargado, frustrado, rencoroso, depresivo, altivo, endurecido, negativo... refunfuña, rezonga y gruñe. Mientras que un corazón alegre, agradecido, perdonador, humilde, amable, tierno, positivo, libre... produce comentarios positivos y enriquecedores.

«Si tienen un buen árbol, su fruto es bueno; si tienen un mal árbol, su fruto es malo. Al árbol se le reconoce por su fruto [...] De la abundancia del corazón habla la boca».[36] Así les dijo Jesús a los religiosos orgullosos que siempre murmuraban y mascullaban contra todo lo que él decía y hacía.

Los parientes más cercanos de la queja son el chisme y la murmuración. Hasta los más grandes líderes han tenido que afrontarlos. Cuando Moisés quiso ayudar al pueblo a salir del desierto, se quejaban y murmuraban en su contra porque les faltaba la comida.

Él les dijo: «Ustedes no están murmurando contra nosotros, sino contra el SEÑOR».[37]

Luego chismearon y murmuraron contra él porque se casó con una egipcia. El relato dice que el mismo Dios los reprendió: «¡Con él hablo cara a cara! ¿Cómo se atraven a murmurar contra mi siervo Moisés?». O sea que, por lo general, la queja, la murmuración y el chisme, estos tres parientes cercanos, no solo son exasperantes y negativos, sino atrevidos.

El presidente de un banco de Europa en Latinoamérica donde fui mentora de comunicación por dos años, me dijo: «No se cuánto van a aprender a comunicarse, pero por favor, ayúdame a acabar con el rumor». Estaba cansado y desesperado con los chismes de pasillo.

El chisme es la murmuración que se levanta sobre una noticia verdadera o falsa, con la intención de dañar a alguien. Los más sabios proverbios muestran cómo los chismes son como deliciosos manjares, que penetran hasta lo más íntimo del ser. También, que sin leña se apaga el fuego, y sin chismes se acaba el pleito. Porque los chismes son como ricos bocados que se deslizan hasta las entrañas.

Sin duda, quejarse de alguien delante de otros se convierte en una murmuración que luego se vuelve chisme. La queja cuenta con el fatal poder de arruinar hasta los días más bellos. Es un mecanismo de conducta aprendido, que crece y se reproduce como un pésimo hábito para la salud comunicativa. Además, como si fuera poco, es una pérdida de tiempo, no solo por el desgaste cuando se habla mal de otros, sino por todas las horas que se invierten en pensamientos turbulentos en su contra.

Cómo son las personas que se quejan:

- Protestan por todo: a cada cosa que ven le añaden una frase de oposición como: «por qué hacen eso...», «siempre es lo mismo...», «es el colmo...», «¡qué se callen!...».
- Son negativas con las propuestas: sus palabras siempre concluyen con bloqueos como: «no me parece...», «eso

no se puede», «es bueno, pero...», «la verdad, lo veo muy
difícil...».

- Nunca están contentas con nada: incluso si les dan un
regalo, le encuentran el «defecto». Y si les sirven un manjar,
solo dicen que está «un poco frío», o «un poco caliente, o
«es mucho para mí», o «¿por qué tan poquito?».

- Su ruta preferida es la de murmurar: Les parece más fácil
criticar y murmurar que encontrar soluciones. Porque esa
forma es «muy complicada» o «muy arriesgada».

- Siempre critican a los demás: por lo que hacen o dejan de
hacer, con frases como: «linda la casa, solo un poco fría,
¿cierto?», «a ese vestido le falta algo», «sería mejor si le
pusiera un poco más de...».

- Les gustan los chismes: piensan que hablar mal de otros
es agradable y le encuentran un gusto especial a iniciar
conversaciones con: «si sabes que a fulano...», «te enteraste
de que sutano...», «a mí no me gusta hablar, pero...»,
«¿cómo te parecieron? A mí la verdad...».

- Les es imposible ser agradecidas: la palabra gracias, no les
gusta. Les suena ridícula, mediocre y falta de sentido.

- No aceptan que algo no se pueda cambiar: se quejan
por las mismas cosas siempre. No reconocen que son
incambiables y lo mejor es dejarlas ir.

- Quieren que todos los otros cambien, menos ellas: exigen
y demandan, pero ellas no están dispuestas a cambiar
nada. A ellas hay que formularles la confrontadora
pregunta: «¿Por qué te fijas en la astilla que tiene tu
hermano en el ojo, y no le das importancia a la viga que
está en el tuyo?». Importante reflexión.

Las peores consecuencias de quejarse:

- Nadie quiere a un quejumbroso: una persona que se queja
todo el tiempo se torna insoportable y fastidiosa.

- Afecta el clima a su alrededor: cada frase que dice es tan desesperante, que todo el ambiente se contagia de queja.
- Se enferma con facilidad: su salud física se ve afectada porque la queja produce una conexión entre neuronas, con señales negativas en el cerebro.
- Va en aumento: la presencia del cortisol, la hormona que aparece en los momentos negativos y tensos, va en aumento, de manera que la persona se quejará cada vez más y será peor su murmuración.
- Se debilita el sistema inmunológico: por el mal humor permanente, se debilita el sistema inmunológico, se sube la presión arterial y se elevan los riesgos de problemas cardiacos.
- Perjudica a los otros: la persona quisquillosa es perjudicial y nociva para la salud emocional y física de los demás. Por un mecanismo de empatía, si la gente trata de identificarse y esforzarse para ayudarle, se puede hundir con ellos.

Doce pasos para dejar de quejarse y murmurar:

1. Comienza a dar gracias por todo aquello de lo cual te quejas siempre.
2. Escribe tu visión para que cuentes con una motivación a prueba de todo.
3. Rodéate de personas felices, no de negativos con efecto «coro».
4. Cambia el «clic» interior del negativismo por el del positivismo.
5. Renuncia a juzgar en forma anticipada.
6. Evita reclamar con persistencia por tus deseos y argumentos.
7. Comienza a darle paso a la aceptación con humildad. Abraza la voluntad de Dios, agradable y perfecta.

8. Conecta tu cerebro y tu corazón con el amor, no con el odio y la amargura.

9. Enfoca tu mirada hacia el lado bueno de las cosas y las personas, no hacia lo peor de ellas.

10. Asume la responsabilidad de cambiar la queja por la alegría. No busques que los demás cambien. Cambia tú, aunque ellos nunca cambien.

11. Repite frases agradables hasta que se te vuelvan un hábito.

12. Realiza actividades que te produzcan gozo: deporte, cine, libros. Imagina tu vida libre de quejas...¡y disfrútala con gozo!

La esencia de las personas agradecidas

Las personas agradecidas viven y se comunican desde el lado totalmente opuesto al de la gente quejumbrosa y murmuradora. El sicólogo Robert Emmonds, en su artículo con McCullough, afirma que existen dos etapas fundamentales en el proceso del agradecimiento:

Etapa 1. Reconocimiento de lo bueno:
En esta fase se enfocan en aquellos aspectos valiosos y buenos con que cuentan, que le dan sentido y vida en abundancia a su existencia.

Etapa 2. Conciencia de la fuente de donde proviene lo bueno:
En esta fase reconocen que aquellos asuntos o cosas buenas se encuentran fuera de su control y no dependen de ellos, sino que están ahí, como una bendición para su bienestar.

Siete extrordinarias consecuencias de comunicarse y relacionarse con gratitud:

1. Ayuda a vencer la depresión y la ansiedad.
2. Fortalece el sistema inmunológico y reduce la presencia de enfermedades.
3. Aumenta la posibilidad de descansar y dormir en forma placentera.
4. Desarrolla la capacidad de resiliencia.
5. Conlleva a la actitud de permanente reconciliación y perdón.
6. Promueve valores como la generosidad y la humildad.
7. Mejora de manera considerable nuestro bienestar personal.

EJERCICIO

Realiza este ejercicio para eliminar el mal hábito del negativismo

Este es un ejercicio que te ayudará en esos momentos de negativismo que a veces quieren invadir tu mente y mostrarte como un ser muy negativo frente a las personas, tanto en la casa como en el trabajo.

1. Concientiza la realidad: lo malo no es que esos pensamientos aparezcan, lo que está mal es permitir que se conviertan en ideas permanentes y recurrentes. Que dañen tus emociones y, por consiguiente, tus relaciones.

2. Crea tu «vaso medio lleno»: para superarlo, busca recordar todas las bendiciones con que cuentas hoy en tu vida. Es decir, mira el lado del «vaso medio lleno», y no te enfoques en el lado que está «medio vacío».

Así que vas a crear ese vaso y lo vas a llenar de buenos pensamientos:

Encuentra un vaso o una jarra con tapa y márcala con un letrero que diga: «vaso medio lleno». Cada día, durante un mes, vas a escribir algo bueno que te pasó en el día y por lo que estás agradecido. Por ejemplo:

- Estoy agradecido porque hoy mi jefe me felicitó por mi buen trabajo.
- Agradezco que hoy vi a mi mejor amiga y compartí un lindo tiempo con ella.
- Doy gracias porque por poco tuve un accidente, pero Dios me cuidó.

3. Cuando estés pasando por un momento de negativismo y quieras comenzar a murmurar, abre tu vaso «medio lleno» y lee todo lo bueno que te ha sucedido. Así no le darás tiempo a los malos pensamientos de tomar control de tus emociones.

4. Repite el ejercicio cada mes. Notarás cómo, al final del año, hay mucho más por agradecer que por renegar.

Clave #15

Resolver: evitar las peleas y saber resolver los conflictos

«Honroso es al hombre evitar la contienda,
pero no hay necio que no inicie un pleito».[38]

Salomón

LAS PELEAS CONTINUAS SON UNA SEÑAL DE ALARMA DE LA PRE-
sencia de una comunicación disfuncional. Si vives en medio de un
ambiente hostil de continuas peleas, división, contención, ofensas,
rivalidad, pleitos y agresión verbal, necesitas con urgencia un cambio de lenguaje que redundará en la transformación total de tu
diario vivir.

Para saber cómo evitar las peleas y relacionarte con armonía a
tu alrededor, requieres dar un giro a tu forma de comunicarte con
los demás. Puede ser tu equipo de trabajo, tu vecindario, tu pareja
o algún miembro de tu familia.

Salomón escribió cientos de proverbios para recalcar acerca de los problemas en que incurre una persona rencillosa, buscadora de peleas y que se mantiene en conflictos. Dio las claves para saber cómo evitar las peleas: «Iniciar una pelea es romper una represa. Vale más retirarse que comenzarla»,[39] dijo el rey, reconocido por su sabiduría universal (965-928 A.C.). Y agregó que «más vale comer pan duro donde hay concordia, que hacer banquete donde hay discordia».[40]

Aseguró que el orgullo solo genera contiendas, pero la sabiduría está con quienes oyen consejos. Comparó a la mujer pendenciera con una gotera constante. Dijo acerca de ella que más vale habitar en un rincón de la azotea que compartir el techo con una mujer así.

El aumento del espíritu agresivo hoy se nota en el incremento de noticias acerca de peleas de jóvenes en los colegios que hasta han llegado a utilizar armas para atentar contra la vida de otros. Este terrible problema ha escalado incluso hasta los contactos en redes sociales, puede comenzar con ofensivos comentarios y memes, y puede llegar hasta el famoso acoso (*bullying*) que ahora es una de las peores modas de la comunicación *online*.

También se puede percibir el acoso en el ambiente político, sobre todo en época de elecciones partidistas, donde se respira en el aire una pelea masiva y colectiva que continúa después de la temporada de elecciones, y genera un difícil ambiente de polarización, con constantes agresiones.

Ya seas tú el ofensor o el ofendido, el agresor o el agredido, sea presencial u *online*, la clave máxima para evitar las peleas y resolver los conflictos es desarrollar el fruto del dominio propio en tu interior, que te ayudará a controlar la ira, dejar el enojo y comunicarte con inteligencia apacible, no con brutalidad turbulenta, afectada por un ambiente contaminado de hostilidad.

Las peleas se forman porque no sabemos cómo actuar frente a emociones desbordadas como la ira, que enfurece y lleva a perder el control. Para saber cómo evitar las peleas, debemos reconocer primero cuál es la emoción que nos conduce a comunicarnos en forma agresiva.

«Es posible conseguir algo luego de tres horas de pelea, pero es seguro que se podrá conseguir con apenas tres palabras impregnadas de afecto», dijo el famoso pensador chino, Confucio (551-479 A.C.).[41]

Existen varias fuentes de los conflictos y las peleas. Entender el tipo de conflicto ante el cual nos encontramos, nos ayudará a abordarlo con mayor asertividad e inteligencia. Estos son algunos de ellos:

- Diferencias: los problemas y conflictos se presentan, por lo general, a causa de las diferencias acerca de paradigmas, comportamientos, creencias y formas de ver o abordar las situaciones. Pueden existir diferencias, sin que se presenten peleas o manifestaciones agresivas. Pero permanecen allí, en el ambiente, sin que se logren acuerdos o pueda desarrollarse una relación empática. Es decir, con identificación hacia el otro y el interés de escucharle, desde su propia perspectiva del mundo.
- Confusiones: cuando la información es confusa o no concreta y puntual, produce conflicto en las relaciones, por falta de entendimiento o malos entendidos. Las personas que no expresan con claridad sus sentimientos y emociones, por lo general generan relaciones conflictivas, porque los demás no entienden su forma de comportarse y se sienten confundidos y hasta frustrados porque no logran saber cuál es el verdadero objetivo de esta persona.
- Lo mismo sucede en una organización; cuando la comunicación no es clara, genera confusiones que pueden ser nocivas para las relaciones saludables y, por ende, para los resultados efectivos de los procesos de trabajo.
- Creencias: uno de los factores que une una relación es compartir los valores, intereses y/o creencias. O, de lo

contrario, contar con la capacidad de respetar, amar y valorar las diferencias en las creencias y cultura del otro. De lo contrario, se presentará un permanente conflicto, que puede llegar a ser irreparable.

- Si tratamos de comunicarnos y relacionarnos desde nuestra perspectiva, sin importarnos la visión que el otro tiene del mundo y su trasfondo personal, que lo lleva a pensar de otra manera, será muy difícil mantener una comunicación sana.

- Podemos transmitir nuestras creencias, sin imponerlas a otros, y con el mayor respeto por lo que ellos piensan, sienten y creen. Si queremos persuadir acerca de un pensamiento o creencia, la única manera de lograrlo es con humildad, respeto y mansedumbre, no con imposiciones. Lo único que se consigue es armar un conflicto que no es provechoso para nadie.

- Roles: cuando cada uno quiere asumir el rol del otro, comienzan los conflictos más fuertes, a partir de la rivalidad, la insana competencia y la mala distribución de funciones entre las personas involucradas. Si cada uno cuenta con claridad suficiente acerca de su papel en la relación, el resultado será la resolución apropiada de cualquier circunstancia difícil que se presente.

- Perfiles: la mayoría de las parejas que se separan o divorcian asumen que la razón es la «incompatibilidad de caracteres». También en el trabajo o con los compañeros de estudio.

Muchas personas no logran entender las formas de actuar y reaccionar del otro. Por eso es muy relevante autoconocernos en nuestros propios perfiles de temperamento, y conocer los de los demás, para poder saber cómo regular las fortalezas y debilidades de cada uno, y convertirlas en oportunidades de mejora y no de calamidad.

Siete pasos para saber cómo evitar las peleas y resolver los conflictos:

1. Actitud de reconciliación y no de agresión
2. Talante de pacificador que busca apaciguar los ánimos y no exaltarlos
3. Dominar la furia de la manera adecuada
4. Recordar la consigna: «para pelear, se necesitan dos»
5. No permitirse dormir con el enojo, para no amanecer furioso
6. Desarrollar el dominio propio como fruto en tu ser interior
7. Valorar la relación por encima de la propia la razón.

Salte de la caja de la cultura de antivalores que te lleva a vivir peleando por todo y con todos. Escoge no vivir en un ambiente hostil. Edifica tu casa con sabiduría. Tú construyes el ambiente que quieres en el interior de tu empresa o de tu familia.

En mi libro *Habilidades de comunicación hablada*, de la serie de tres: Mentoring para comunicadores inteligentes,[42] menciono la importancia de no dejarse «enganchar» cuando alguien trata de burlarse o de resirtir todo lo que dices en un auditorio, en medio de tu presentación. También hablo de «no ser reactivos» en los mensajes, tanto hablados como escritos, dentro de las empresas y organizaciones.

Menciono en este libro, cuya reedición lleva el título: *El ABC de la comunicación efectiva*,[43] que el filósofo griego Aristóteles (384 – 322 A.C.) se refería a la comunicación asertiva cuando dijo: «Cualquiera puede ponerse furioso, eso es fácil. Pero estar furioso con la persona correcta, en la intensidad correcta, en el momento correcto, por el motivo correcto, y de la forma correcta, eso no es fácil».

Mi propuesta para ti con cada libro, conferencia, seminario, clase, blog, video en redes sociales... es construir juntos una cultura de la nueva comunicación inteligente para vivir en un ambiente de:

- Calidez asertiva.
- Acuerdo en armonía.
- Conversaciones amigables.

Los conflictos se resuelven con comunicación asertiva

Por todo lo visto, la comunicación asertiva es definitiva en la resolución de conflictos. Por eso es de suma importancia desarrollar
habilidades día a día para transmitir con inteligencia los mensajes
verbales y no verbales. Si no sabemos emitir el mensaje, con las
palabras y las expresiones adecuadas, la interpretación del mismo
puede ser confusa y generar conflictos mayores.

Resultados según el estilo de resolución escogida:

La resolución de conflictos puede presentar diferentes alternativas, según la forma como abordemos el asunto. Puede ser una
competición, una evitación, una acomodación, un pacto o una cooperación mutua. En cada uno de los casos, el resultado es distinto:

- Competición: yo gano / tú ganas.
- Evitación: yo pierdo/ tú pierdes.
- Acomodación: yo pierdo / tú ganas.
- Pacto o capitulación: yo no gano / tú no ganas.
- Cooperación y convergencia: yo gano / tú ganas.

Por supuesto, que el camino de la coperación mutua es el que
nos permitirá una resolución de conflictos más asertiva. Es el camino en el que nadie pierde, sino que todos ganamos.

EJERCICIO

Practica esta dinámica para evitar las peleas y resolver los conflictos

Si se debe resolver un conflicto, quiere decir que hay más de una persona implicada en el asunto. De igual manera será en este ejercicio.

Puedes realizarlo en forma de actividad o juego grupal, o simplemente sugerirlo como ejercicio a la persona con la que deseas solucionar el conflicto.

Este es el paso a paso:

- Plantear el o los problemas en forma de pregunta, y escribirlos.
- Las preguntas deben estar formuladas para respuesta de sí o no.
- Si el ejercicio es para un grupo de personas, se puede dividir el salón en dos, a un lado se ubicarán los que responderían sí y al otro los que responderían no. Se formará una especie de debate.
- Si es solo para dos personas, cada una responderá en su respectivo turno.
- Se escucharán las razones de cada uno de los participantes. Esto permitirá que todos comprendan la forma de pensar y reaccionar del otro.
- Se llega a un acuerdo en el que ambas o todas las partes estén agradadas y en igualdad de condiciones.

Clave #16

Soportar: desarrollar el hábito de controlar la ira y el enojo

«Cuando estés irritado, cuenta hasta diez antes de hablar. Si estás airado, cuenta hasta cien».[44]
Thomas Jefferson

LA IRA ES UNA DE LAS EMOCIONES QUE MÁS NECESITAS SABER regular, de lo contrario, te dejarás llevar por la furia y no podrás expresarte con asertividad, mostrarás reacciones desenfrenadas con consecuencias fatales y destructivas.

Para saber cómo dominar la ira y el enojo es muy importante que cultives el fruto del dominio propio en tu vida. A través de su desarrollo en tu ser interior, podrás comunicar aquello que te molesta, frustra, duele e irrita tanto, con una comunicación inteligente. Es decir, equilibrada, regulada y no descontrolada.

Como emoción, la ira produce un incremento rápido del ritmo cardíaco, la presión arterial y el nivel de adrenalina en la sangre. Por eso una de las expresiones de la ira es el enrojecimiento del rostro, junto con sudor, tensión muscular, respiración rápida y aumento de la energía del cuerpo. Puede llegar incluso al impulso agresivo.

Las investigaciones de la sicología clínica afirman que la ira es una respuesta que da el cerebro ante el peligro. De esa manera puede atacar o huir de él. La mente se torna instintiva y pierde la capacidad de comunicarse de manera racional en el momento de la emoción de ira. Por esta razón es necesario aprender a autorregularla con inteligencia emocional.

El rey David dijo: No te irrites por el que hace planes malvados. Deja el enojo, abandona el furor. No te enojes, porque eso empeora las cosas.[45]

Su hijo, el sabio rey Salomón, lo escribió en múltiples proverbios. Proverbios sobre la ira:

El necio da rienda suelta a su ira,
    pero el sabio sabe dominarla.[46]

La discreción del hombre lo hace lento para la ira,
    y su gloria es pasar por alto la ofensa.[47]

No te apresures en tu espíritu a enojarte,
    porque el enojo se anida en el seno de los necios.[48]

La respuesta amable calma el enojo,
    pero la agresiva echa leña al fuego.[49]

Mejor es el lento para la ira que el poderoso,
    y el que domina su espíritu que el que toma una ciudad.[50]

No te asocies con el hombre iracundo,
    ni andes con el hombre violento.[51]

«Todos deben estar listos para escuchar, y ser lentos para hablar y para enojarse», dijo el apóstol Santiago, con un nuevo énfasis sobre el tema de la sabiduría en su efectiva carta.[52]

Siete pasos para saber cómo dominar la ira

1. Concientizar el daño que le hacen la ira y el enojo a tu comunicación interpersonal, es el paso inicial definitivo.
2. No dejarla acumular, sino expresarla con asertividad. Porque si la guardas, puede convertirse en una bomba de tiempo que un día estallará con consecuencias desastrozas.
3. Elevar el nivel de aceptación y de tolerancia a la frustración, para no enfurecerte cuando algo te sale mal, ni comenzar a despotricar contra ti mismo, contra la vida o contra el primero que se te atraviese. ¡Deja fluir!
4. Evitar competir con las personas en todas las relaciones, para no sentir ira, enojo y envidia por sus éxitos, sino celebrarlos con sinceridad y humildad.
5. No ser tan reactivo ante algo que te disgusta, sino darle lugar a la reflexión, sin empezar a dejarte llevar por las suposiciones y los juicios acelerados.
6. Comienza a amar a los que te insultan, te persiguen, te copian o te acosan en forma simulada, con hipocresía. Ese es tu próximo nivel.
7. Abre el espacio personal para la meditación en Dios, que te permitirá ser una persona fortalecida en tus valores, que crece día a día en gracia y sabiduría, con el fruto del dominio propio en su ser interior.

EJERCICIO

Practica este ejercicio para controlar el mal hábito de la ira y el enojo desenfrenados. Estos son los pasos:

1. Reconoce: detecta y discierne que cuando llega ese momento en el que «algo» te obstruye la capacidad de pensar o vivir en paz, y parece que te puede controlar, es la ira.

2. Respira: en el momento en que detectes que se acerca un nuevo episodio de ira, para, y respira profundo. Cuenta hasta diez, hasta cien o hasta mil si es necesario, hasta que tu sangre se enfríe un poco.

3. Toma control: sal del lugar en donde ocurrió el problema. Ve a dar una vuelta al parque, o a tomar un poco de agua o una taza de té. Pon tu mirada en Dios y somete tus pensamientos a él como Creador del universo.

4. Canaliza tu energía: realiza una actividad física por cinco a diez minutos, para quemar energía; camina, salta, corre, realiza ejercicios de estiramiento...

5. Reinvéntate: vuelve al tema que te enfureció, ahora con calma, minimízalo, y trata de pensar en una solución, o en una posibilidad de cambio total que te permita reinventarte.

Clave #17

Ser optimista: dejar de ser pesimista y pasarte al lado de los optimistas

«El pesimismo conduce a la debilidad, el optimismo al poder».[53]

William James

SI QUIERES SABER CÓMO DEJAR DE SER TAN PESIMISTA, FATALISTA y boicoteador de tus metas y las de los demás, debes abrazar primero la posibilidad de una transformación de tu forma de expresarte acerca de la realidad.

La persona pesimista, siempre habla sobre expectativas de pérdida, fracaso, debilidad e imposibilidad. El optimista, no depende de la posibilidad de ganar o perder, de lograr el éxito o no, sino de perseverar con fe hasta el final, cualquiera que sea el resultado.

El pesimismo es una tendencia a ver y juzgar las cosas en su aspecto más negativo y desfavorable. El optimismo, en cambio, es la tendencia a ver y juzgar las cosas desde el lado más favorable. El influyente estadista británico, Winston Churchill, dijo que la persona pesimista ve una calamidad en cada oportunidad que aparece; sin embargo, el optimista lo que ve es una oportunidad en cada calamidad.

Para saber cómo dejar de ser tan pesimista, y comenzar a ver oportunidades, en vez de calamidades, debes:

- Identificar cada una de las frases y sentencias de tu expresión diaria, que te impiden ser propositivo.
- Reconocer que siempre estás del lado oscuro de la realidad.
- Y, por supuesto, querer salir de ahí, para pasar al lado de la fe, la confianza y el optimismo, pleno de luz.

No se trata de no mirar la realidad, ni analizar los riesgos o las posibilidades de perder. Es más bien desarrollar una forma de ver la misma realidad desde el lado de la fe y la buena vibra.

Siete pasos para dejar de ser tan pesimista:

1. Busca siempre las soluciones. No te enfrasques solo en los problemas.
2. No permitas que el pesimismo te autoboicotee y te impida avanzar. Mira siempre el vaso medio lleno, no medio vacío.
3. Mira como oportunidades de mejora cada uno de tus obstáculos, pérdidas y fracasos.
4. Mantén tu ánimo firme hasta el final. No te dejes desanimar con la primera tempestad.
5. No dejes que tu optimismo dependa de un estado emocional fluctuante, arriba y abajo. Regula tu motivación con inteligencia emocional.
6. Exprésate desde la fe firme. Con la bandera bien alta y ondeante que dice: «Todo es posible, si puedes creer».
7. No te prepares para perder, persiste para ganar. Y si pierdes, mantén el optimismo arriba hacia la próxima

meta, hasta lograr ver cada pérdida como un factor de éxito. ¡El que persevera, alcanza!

El optimismo como parte de la asertividad

El optimismo es la disposición positiva frente a una circunstancia, o ante la existencia en general. Algunas personas pueden contar con la tendencia natural a ser optimistas. Por eso viven y se expresan con la capacidad de mirar cada situación desde su lado más favorable.

Para la sicología positiva, el optimismo es un rasgo de personalidad particular de cada individuo, que puede depender de las circunstancias del exterior y de la forma como son recibidas.

Las personas optimistas muestran una disposición muy particular a mirar la vida desde el lado de los beneficios y las oportunidades. Pueden ver con mayor facilidad las posibilidades de abundancia, bienestar y prosperidad. Esto les permite relacionarse y comunicarse desde la motivación propia y la de los otros, por medio de principios como el coraje y la persistencia inquebrantables. Siempre miran el lado positivo y buscan lo óptimo de cada situación.

Esa es la razón por la cual los optimistas transmiten una mayor posibilidad de ser asertivos, porque hablan con afirmaciones determinadas y persuasivas acerca del presente y futuro, y de esa forma mantienen un nivel de salud mental, emocional, física y espiritual mucho más alto que el de los pesimistas negativos.

El optimismo puede ser una actitud natural que forma parte de la esencia de la persona. La buena noticia es que también puede ser una competencia que se desarrolla, cuando se muestra una tendencia contraria marcada hacia el pesimismo.

Optimismo asertivo e inteligente

Existe el erróneo paradigma de pensar que la gente optimista es poco objetiva. Por eso la mayoría de las personas, incluso de las nuevas generaciones, en las empresas y universidades, suelen ser cerradas y pesimistas en su manera de pensar y de expresar sus ideas.

Los escritores María Dolores Avia y Carmelo Vázquez aseguran que existe un «optimismo inteligente».[54] Ese optimismo es parte esencial de la cultura de la nueva comunicación inteligente, con la que rompemos el falso paradigma de que las personas deprimidas son más lúcidas, o que para ser felices, debemos ser simples.

Ser asertivos implica ser optimistas con inteligencia. O sea, con el balance adecuado entre la realidad y las oportunidades. Una forma de optimismo, que sea saludable, adaptativo, creativo, intencional, relevante, incluso en medio de las circunstancias difíciles.

Las señales de ser un pesimista

Frente a cualquier decepción o fracaso, los pesimistas, por lo general le apuntan a la catástrofe. Cuando algo está mal, para ellos, de manera automática, todo se encuentra pésimo, y aquello que sí funciona carece de sentido, y lo subvaloran.

Frente a los eventos difíciles, su tendencia es a globalizarlos, y a filtrar a través de ellos todo lo demás, aunque sean los eventos más fáciles. Si se presenta un problema grave en la vida laboral, esto afectará su relación de pareja. Si aparece alguna ruptura emocional, llegarán incluso a pensar que nada vale la pena en su vida a partir de ese evento.

Por lo general, se mueven a través de la autoculpa por todo, lo cual les genera un estado de malestar permanente y vergüenza, incluso en aquellas situaciones en las que no tienen nada que ver. Cuentan con una clara deficiencia para poder valorar de manera positiva la realidad. Todo estará siempre en su contra, y llegan a darse «látigo» con detalles que no existen, pero los inventan, o los crean, hasta creérselos ellos mismos. Por eso viven en medio del desánimo, la desesperanza y la desmotivación. Necesitan inteligencia emocional para aprender a automotivarse.

Este pesimismo puede surgir por factores genéticos, o ser aprendido, según la forma en que los padres y las autoridades interpretaron la realidad. También por la marca que les dejó la crítica pesimista de la familia o de sus educadores, que les pudo grabar experiencias difíciles que no dependían de su control.

La comunicación interpersonal de un pesimista está ligada con la infelicidad, porque todo lo expresa por medio de la «sin salida» y la expresión de autoengaño que le lleva a creer que nada estará bien jamás.

El camino hacia el desarrollo del optimismo sí es posible. Después de reconocer el pesimismo, se puede comenzar a buscar una perspectiva diferente acerca de las situaciones y experiencias vividas. Con una determinada acción hacia el cultivo de la esperanza y la confianza en Dios, en la gente y en sí mismos.

EJERCICIO

Realiza esta dinámica para desarrollar el optimismo en tu vida.

Así como para empezar a llenar un armario de ropa nueva es necesario deshacerse de algunas cosas que ya no usamos, sucede igual en la vida. Si quieres ser optimista primero debes deshacerte de lo que te impulsa a ser pesimista. Practica estas actividades y conviértelas en hábitos:

- Rodéate de personas felices, que apoyen tus sueños y que cuenten con los suyos.
- Réstale tiempo a las actividades distractoras, como revisar las redes sociales o ver televisión, y dedícalo a leer sobre temas que te impulsen a ser mejor o a hablar con tu familia o amigos sobre planes para el futuro.
- Disfruta de los pequeños momentos, dale más importancia a esas cosas que elevan tu nivel de ánimo.
- Ve paso a paso y con calma. Si tratas de llevar a cabo tus metas en muy corto tiempo, seguro que los resultados no serán exitosos, y te frustrarás. Plantea metas pequeñas, alcanzables, y trabaja día a día por lograrlas, para que te produzcan cada vez más un optimismo realista e inteligente que se convierta en un hábito.

Clave #18

Dejar la ansiedad: manejar la angustia que produce el exceso de futuro

«La preocupación no elimina el dolor del mañana, sino la fuerza del hoy».[55]

Corrie Ten Boom

LA ANSIEDAD ES UN ESTADO NATURAL QUE TODAS LAS PERSONAS experimentamos en ocasiones, causado por situaciones que nos despiertan sentimientos ansiosos. Como el cumplimiento de una agenda muy apretada, algunos eventos muy significativos para nosotros, o el bloqueo del tráfico exasperante que nos impide llegar tranquilos y a tiempo a cualquier parte.

Esta ansiedad es considerada por los sicólogos y terapeutas profesionales como una forma natural de ayuda, para mantenernos en estado de alerta, con enfoque en la situación, para saber cómo responder ante cualquier riesgo, dificultad o amenaza de peligro.

El asunto está en saber cómo manejarla y no permitir que esa ansiedad se convierta en un detonante de crisis con otras personas, al volvernos demasiado desesperantes, sin dominio propio. Eso es lo más relevante para la asertividad en las relaciones saludables.

La asertividad implica un manejo adecuado de la ansiedad, para responder al otro con equilibrio, incluso en momentos de elevada presión por las circunstancias externas. La autorregulación nos ayuda a respirar profundo en medio de momentos de ansiedad, para no dejarnos descontrolar ni llevar por las emociones de miedo o furia, a tal punto que nos tornemos agresivos con los demás.

O, por el contrario, que nos convirtamos en seres herméticos y distantes, por no saber cómo manejar la ansiedad interiorizada, que puede mostrarse con aparencia de pasividad, pero lleva ríos tormentosos de ansiedad, con turbulencia interior.

Existen también personas que viven con un temor llevado al extremo, con una angustia que se vuelve crónica, la cual es considerada un trastorno de ansiedad. En estos casos, se requiere tratamiento profesional con un sicólogo clínico.

Existen varios tipos de trastornos de ansiedad, cada uno con características particulares, que requieren atención especializada para ser sanados porque, de lo contrario, pueden llegar a producir efectos como la falta de aire, taquicardia, insomnio, náuseas, temblor y mareos.

Estos trastornos de ansiedad severa pueden ser genéticos o aprendidos por situaciones desde la niñez. Si no son tratados, llevan a enfermedades, a tendencias adictivas, o a relaciones interpersonales insoportables. Pueden llegar a ser tratados con resultados satisfactorios por profesionales de la salud mental. Entre los trastornos más comunes se encuentran los siguientes:

- Generalizados: permanentes miedos y preocupación constante por el dinero, la salud, o porque «todo saldrá mal» siempre. Impide la concentración y la actividad normal.

- Pánicos: repentinos e intensos sentimientos de pavor y terror. Pueden generar pánico incluso a la posibilidad de un próximo ataque. Limita la vida diaria.
- Específicos: miedos y fobias intensas hacia algunas situaciones u objetos. Pueden ser a algún animal o a subirse en un ascensor.
- Sociales: fobia a algunos espacios públicos o escenarios para socializar.
- Obsesivo-compulsivos: ideas o sentimientos persistentes, indeseados y fuera de control. Producen actividades obsesivas para tratar de salir de ellos. Como revisar muchas veces si la puerta está cerrada. O asear la casa en exceso, para evitar «algún virus» sospechoso.
- Postraumáticos: aparecen después de episodios trágicos como accidentes, desastres naturales o enfermedades, que afectan la conducta a través de la recordación de las escenas de esos momentos.

La ansiedad natural y las relaciones

Para hablar de relaciones interpersonales y comunicación asertiva, en este libro no nos referimos en forma específica a esos trastornos obsesivos de ansiedad severos, sino al tipo de ansiedad natural, común, que nos sucede a todos y que debemos considerar como parte vital del desarrollo de competencias personales, para poder contar con relaciones saludables, propias de los seres asertivos.

Exceso de futuro: dentro de la ansiedad natural, una de las más comunes es la ansiedad por lo que sucederá en el futuro. Es decir, la persona que está tan centrada en pensar en lo que va a suceder hacia adelante, que no cuenta con la habilidad de disfrutar el presente.

Ansiosos por nada es el título de un reciente libro de Max Lucado, el autor de inspiración de mayor venta en Estados Unidos, *bestseller* #1 del *New York Times*, y uno de mis escritores favoritos por su forma de contar historias. Él muestra cómo el fenómeno moderno de la ansiedad lleva a las personas a vivir sin paz interior. Por esto cada vez más personas sufren los efectos de los ataques de pánico, fobias u otros trastornos relacionados con la ansiedad.[56]

Max Lucado dirige esta obra a los preocupados crónicos y a aquellos que están en riesgo de convertirse en uno de ellos. Marca la diferencia con el miedo como mecanismo. Analiza las causas de este crecimiento desbordado de los trastornos de ansiedad, estudia esta problemática, y provee herramientas para ayudar a sus lectores a recuperar el control de su vida, al enseñarles a identificar y vencer el poder destructivo de la ansiedad.

Invita a descubrir algunas expresiones que reflejan la condición ansiosa y descontenta del corazón: «¿Qué tal si...?» y «Si tan solo...». Anima a cuidar lo que pensamos, a dirigir los pensamientos hacia lo verdadero, lo honesto, lo puro, lo justo, lo amable... Resalta la importancia del agradecimiento y el contentamiento, cualquiera que sea la situación, y expone los riesgos de la alegría condicionada por circunstancias, porque esta es también un camino a la preocupación.

Lucado destaca que la nuestra ha sido una época de profundos cambios económicos, tecnológicos y sociales. Asegura que ha habido más cambios en los últimos treinta años que en los pasados trescientos. Como la llegada de la Internet, las advertencias sobre calentamiento global, las guerras nucleares y los ataques terroristas.

Asegura que es muy probable que hoy estemos batallando seriamente con la ansiedad. Una sensación de temor flotante que revolotea sobre nuestra cabeza, una redecilla sobre el corazón, un presentimiento nebuloso sobre las cosas que podrían ocurrir en algún momento futuro.

Relaciones sin ansiedad desmedida

Por supuesto que la ansiedad afecta e influye en todas nuestras relaciones y la forma en que nos comunicamos con los demás. Es evidente que existe una cultura de las relaciones ansiosas, producto de la dependencia afectiva.

Las canciones y el cine muestran la realidad emocional y sentimental en que vivimos. Recuerdo ahora que una de las canciones que más me ha gustado en la vida se llama así, *Ansiedad*. Es uno de los temas más reconocidos de la música latinoamericana, con una bella música del famoso compositor venezolano José Enrique «Chelique» Sarabia, quien se inspiró en 1955, a los quince años de edad, en la película mexicana protagonizada por Pedro Infante y Libertad Lamarque, con el nombre de *Ansiedad*. El tema fue popularizado en 1959 por el famoso cantante estadounidense Nat King Cole, y hoy existen más de ochocientas versiones de esta pieza maestra que han cantado algunos de los más famosos intérpretes hispanos del mundo.[57]

Después de este merecido homenaje a la preciosa música latinoamericana, miremos ahora, desde el lado sicológico, cómo se define la ansiedad: es un estado mental que se caracteriza por una gran inquietud, una intensa excitación y una extrema inseguridad. También como angustia que acompaña a algunas enfermedades, en especial a ciertas neurosis.

La composición romántica que compara el sentimiento de amor con la ansiedad, fuente de inspiración de millones de canciones y películas de todos los géneros, idiomas y ritmos, refleja las marcas de dolor de las relaciones que viven momentos de angustia. Aunque a veces es usada solo como una figura poética, como en la bella canción de Sarabia.

Afectos ansiosos y adictivos

Aquí podemos mencionar los conceptos del autor argentino del cual ya hablamos, Walter Riso, doctor en psicología, especialista en terapia cognitiva y bioética, quien ha desarrollado una larga carrera como psicólogo clínico con más de treinta años de experiencia, actividad que ha combinado con la enseñanza universitaria.

Es autor de libros como *¿Amar o depender?*, *Ama y no sufras*, *Manual para no morir de amor*, *Deshojando Margaritas*, *Aprendiendo a quererse a sí mismo*, *Los límites del amor*, *Enamorados o esclavizados*», entre otros.

Muchas de las afirmaciones de Riso conducen a pensar que, aunque la psicología ha avanzado en el estudio de las adicciones, en asuntos como el de la adicción afectiva existen vacíos evidentes. Piensa que las personas necesitan una experiencia plena, alegre y saludable en sus relaciones amorosas, sin apegos enfermizos.

Las personas deben entender que, la entrega hacia el otro, no implica dejar de existir, sino integración con el otro.[58] Un amor sano es la unión de ambos, donde ninguno pierde. Sin embargo, millones de personas en todo el mundo son víctimas de relaciones amorosas inadecuadas y no saben qué hacer al respecto.

El miedo a la pérdida, a la soledad o al abandono contamina el vínculo amoroso y lo vuelve altamente vulnerable. El autor asegura también que un amor inseguro es una bomba que puede estallar en cualquier momento y lastimarnos profundamente. Su tesis se basa en que la adicción afectiva es una enfermedad que sí tiene cura y, lo más importante, que sí puede prevenirse.

En cuanto al tema de la ansiedad, Riso piensa que se trata de un «miedo anticipado». Porque la mente posee la capacidad de proyectarse en el tiempo futuro, con pre-ocupación.

El autor observa que la ansiedad ocurre cuando el futuro nos arrastra hacia un temor esperado y nos damos cuenta de que no poseemos las estrategias para hacerle frente con eficacia. El esquema que define la ansiedad posee dos contenidos: percepción de amenaza y sentimientos de incapacidad. Si estás ansioso, no estás en el aquí y en el ahora.

También habla de la importancia de volver a lo natural y saber integrar las emociones biológicas a nuestra vida de manera constructiva. Muestra la diferencia entre las emociones primarias, que hay que salvar, y las secundarias, que hay que eliminar, por ser inventadas por la cultura. Entre las primarias rescata las que ya hemos mencionado aquí como emociones básicas: el miedo, la ira, el dolor, la tristeza, la alegría... y muestra sus propiedades curativas.

Alerta sobre el peligro de sus similares emociones y sentimientos inventados por la mente: la ansiedad, el rencor, la depresión y el apego. Se basa en los datos más recientes de la psicología cognitiva y la teoría de las emociones, así como en su propia experiencia clínica.[59]

En sentido espiritual

Los afanes del día por los logros y la búsqueda del dinero o el «éxito» producen hoy el más alto índice de ansiedad y estrés existente en la historia de la humanidad.

En sentido espiritual, ciertas tendencias intentan aportar y ayudar a manejar la ansiedad. Cada vez resurgen más filosofías antiguas para el manejo de la ansiedad, basadas en prácticas provenientes del mundo oriental. Existen cientos de terapias alternativas realizadas por personas que buscan conseguir calma y balance interior.

En el texto bíblico, fuente por excelencia de sabiduría espiritual, se encuentran miles de escritos que hablan acerca de cómo tratar la ansiedad, basados en la confianza y seguridad en Dios, que permiten descansar en él, con la esperanza «como firme y segura ancla del alma».[60] Según todas las publicaciones globales sobre el «top» de los libros, la Biblia permanece en el primer lugar como el libro *bestseller* más vendido de la historia, en sus diferentes ediciones, idiomas y actualizaciones.[61]

Una de las enseñanzas centrales de Jesucristo se basa en obtener su paz, que el mundo no puede dar. Inspira a enfocar la mirada en lo relevante, para no vivir ansiosos y preocupados. En el famoso Sermón del monte, Jesús le dijo a la gente:[62]

Por eso les digo: No se preocupen por su vida, qué comerán o beberán; ni por su cuerpo, cómo se vestirán. ¿No tiene la vida más valor que la comida, y el cuerpo más que la ropa? Fíjense en las aves del cielo: no siembran ni cosechan ni almacenan en graneros; sin embargo, el Padre celestial las alimenta. ¿No valen ustedes mucho más que ellas? ¿Quién de ustedes, por mucho que se preocupe, puede añadir una sola hora al curso de su vida?

¿Y por qué se preocupan por la ropa? Observen cómo crecen los lirios del campo. No trabajan ni hilan; sin embargo, les digo que ni siquiera Salomón, con todo su esplendor, se vestía como uno de ellos. Si así viste Dios a la hierba que hoy está en el campo y mañana es arrojada al horno, ¿no hará mucho más por ustedes, gente de poca fe? Así que no se preocupen diciendo: «¿Qué comeremos? » o «¿Qué beberemos?» o «¿Con qué nos vestiremos?». Los paganos andan tras todas estas cosas, pero el Padre celestial sabe que ustedes las necesitan. Más bien, busquen primeramente el reino de Dios y su justicia, y todas estas cosas les serán añadidas. Por lo tanto, no se angustien por el mañana, el cual tendrá sus propios afanes. Cada día tiene ya sus problemas.

Así es como el Hijo de Dios enseñó acerca del manejo de la ansiedad, inhibidora de la fe, la confianza y la esperanza. Luego sus discípulos continuaron, para llevarle al mundo un mensaje que hoy en día es el manual más buscado para gestionar y conseguir una vida en abundancia.

Tiempo después, el apóstol Pedro dijo en su primera carta: «Depositen en él toda ansiedad, porque él cuida de ustedes. Practiquen el dominio propio...». De esa manera mostró que la clave principal para manejar la ansiedad es aprender a «depositarla» en Dios, por medio de la práctica constante y el desarrollo del dominio propio, como fruto del Espíritu en nuestro ser interior.[63] No consiste en una filosofía basada en la autosuficiencia, sino en la negación del yo para centrarse en él, como base del perfecto balance y equilibrio personal.

La ansiedad por lo que sucederá en el futuro

No se angustien por el mañana, el cual tendrá sus propios afanes. Cada día tiene ya sus problemas, esa es la conclusion del mensaje de Jesús en el famoso Sermón del monte.

La tendencia a pre-ocuparnos por el mañana produce una desgastante, enfermiza y agotadora ansiedad, que afecta a todo nuestro ser, y por supuesto, las relaciones interpersonales en primera instancia. Porque cuando estamos ansiosos nos comunicamos afectados por el estrés y podemos llegar a mostrarnos poco asertivos.

Frases y posturas típicas de los diferentes tipos de ansiosos cuando están estresados y preocupados en el día a día:

- Desesperados: se ofuscan demasiado por causa del estrés, pierden el control y comienzan a extrovertir su angustia con presión desmedida hacia el otro: «¡Oye! ¡Te he dicho mil veces que salgas rápido!... ¿No entiendes que estoy de afán?».
- Ofensivos: cuando se encuentran ansiosos, su forma de desahogarse es con ofensas e improperios fuera de lugar y de tono: «Todo esto pasa por tu estúpida manía de hablarme en el momento preciso en que estoy más preocupado».
- Exasperantes: se afanan en extremo, y por su nerviosismo quieren que todo el mundo se mueva a velocidades alarmantes, a su ritmo: «Haz algo pero ¡YA!... Es urgente, no puedo esperar ni un minuto más; si no eres capaz de hacerlo de inmediato, mejor no lo hagas, ¡no soporto tu lentitud!».
- Fruncidos: puede que prefieran no decir nada, pero el lenguaje del cuerpo delata su ansiedad y muestran el ceño fruncido, ademanes bruscos, miradas intimidantes, manos y pies con movimientos agresivos y compulsivos... o completamente inertes, en un sillón.
- Distantes: presentes-ausentes, se arrinconan y no hablan con nadie, porque están demasiado furiosos y ansiosos.

Controlan y agreden con la pasividad y el efecto silencioso de ignorar con el arrogante y altivo «látigo» de la indiferencia.

- Distraídos: elevan la mirada hacia el techo, o la fijan en el piso, mientras están ensimismados en su mundo de pensamientos englobados, metidos en la caja de su propia ansiedad. Contestan con: «¿Ah? ¿es conmigo?... ¿me dijiste algo?... ».

- Gruñones: les sale su peor «yo» y comienzan a despotricar contra todo, entre dientes, con palabras soeces como: «¡Maldita sea esta inmunda cosa!», «Qué desgracia tan infinitita la mía», «¿A quién se le ocurre poner esa porquería ahí?», y otras peores, impronunciables.

- Violentos: utilizan un lenguaje de violencia verbal contra los otros, en espacios como el tráfico pesado, con expresiones como: «¡Vieja bruta!... ¡tenía que ser una mujer la que va manejando!... ¡Son todas unas bestias!».

- Víctimas: se quejan por todo y se victimizan, mientras culpan a los otros con una postura tóxica: «¡Mira... todo lo que hago por ti, y tú no me ayudas cuando más lo necesitoj», «Claro, como todo me toca a mí, no sé qué van a hacer cuando yo me muera»... «Es que tú a mí no me tienes en cuenta para nada».

- Vulnerables: se sitúan en el lugar de los más consentidos y mimados, para que les presten atención y cuidado: «Por fa... ayúdame, que esto está muy difícil para mí»... «Yo no puedo con esto, que alguien me ayude porque es imposible...», «Y ahora que voy a hacer si no tengo ni un saquito y tengo mucho frío, ¿me das el tuyo?».

Escuchar las señales de la ansiedad

Entender la ansiedad natural y saber cómo manejarla, nos ayuda a autorregularla, para no dejarnos descontrolar por ella y, por ende, nos permite contar con relaciones interpersonales más saludables y asertivas.

Porque la ansiedad constante, que se convierte en un pésimo hábito de vida, no solo afecta la salud emocional del alma, sino también la salud física del cuerpo, y produce estragos fatales en el ser.

Necesitamos escuchar las señales de la ansiedad desmedida, como personas que confían en Dios y cuentan con la fe para descansar en él. También como gente que ejercita buenos hábitos para cuidar la mente, las emociones, el corazón, el cuerpo y todo el ser integral, y lo cuidan con sabiduría porque saben que es templo del Espíritu y deben mantenerlo saludable.

El exceso de futuro es uno de los principales detonantes de la ansiedad desmedida. Las personas que vivan adelantadas a todo, viven con la mente y el corazón centrados en: «Y qué tal si...», que muchas veces les produce insomnio y les entrecorta la respiración.

Producen «videos» en su imaginación acerca de los peores escenarios posibles, y se ven como los más vulnerables en la «película», en medio de un desastroso final.

Necesitan, primero que todo, concientizar su equivocada forma de vivir «adelantados» al desastre, y reconocer que, en la mayoría de los casos, esos presentimientos negativos, no han sucedido, ni ha acontencido nunca la catástrofe a la que se predispusieron.

Además, deben desarrollar el hábito de fijarse en lo que sucede en el «ahora», para que puedan respirar tranquilos. En este caso es donde cabe de nuevo la enseñanza de Jesús mencionada, en la que reitera con énfasis intencional: «No se preocupen».

Sugerencias para el manejo de la ansiedad

- Analizar las reacciones: cuando nos encontremos demasiado preocupados o angustiados por el mañana, debemos pensar en cuáles son las reacciones que presentamos con frecuencia en esos momentos.

- Reconocer como pésimos hábitos todas esas actitudes ansiosas que necesitamos aprender a cambiar, para disfrutar confiados la perspectiva de un presente y un futuro de paz y gozo.

- No postergar los compromisos pendientes, pues el mismo temor a que las cosas no funcionen bien nos impulsa a la procrastinación, el aplazamiento y la postergación. De esa manera, nos sobrecargamos más de angustia y ansiedad por las obligaciones no cumplidas y se nos convierte en un círculo vicioso.

- Actuar con determinación en lo que sí se puede hacer hoy. No quedarnos sumidos en los pensamientos acerca de la forma en que podríamos hacerlo, sino decidir hacerlo y dejar la pereza a un lado.

- Dividir en tiempos cortos las actividades que nos producen más angustia y ansiedad, para que no nos cueste tanto asumirlas con responsabilidad. Si logramos darles breves espacios responsables, cuando menos lo pensemos y sin darnos cuenta, las habremos concluido con éxito.

- Realizar lo que es posible y enfocarnos solo en ello. No angustiarnos por lo imposible, ni por establecer convenios que puedan resultar demasiado pesados de llevar a cabo. Cuando los asuntos son difíciles de cumplir generan mucha ansiedad.

- Permitirnos un «pare» en el camino cada vez que nos sea posible para reinventarnos, descansar y realizar actividades que nos agraden. Porque si permanecemos cansados generamos un estado ansioso, viciado y complicado, que no nos permite ser efectivos ni agradecidos. Y, por supuesto, nos impide las relaciones interpersonales saludables.

EJERCICIO

Practica estos cinco pasos para manejar la ansiedad.

1. Incluye en tu día a día actividades agradables permanentes. Mejorarás tu estado de ánimo y serás más eficiente. Piensa en actividades que te produzcan paz. Puede ser leer un libro, ver una película, pasear por el parque, degustar un helado de vainilla, salir a tomar un café con un amigo, caminar descalzo por la playa o el jardín, o darte una ducha con agua fresca. Si tienes una afición favorita, practícala y conviértela en parte de tus prioridades y disciplinas.

2. Organiza tu agenda de tareas y evacúalas una a una, con la señal de chequeo cuando las hayas logrado, sin aplazar ninguna ni procrastinar, para que no te ahoguen. De esta manera tu cerebro se liberará del estrés y la ansiedad. Incluye el descanso como parte de las prioridades.

3. Detente a mirar las aves y las flores, y piensa que si Dios cuida de ellas, mucho más cuidará de ti. Echa toda tu ansiedad en él. No te concentres en mañana, sino enfócate en hoy. El mañana tiene su propio afán. Búscalo primero a él, y todo lo demás vendrá por añadidura.

4. Practica la técnica de respiración «4-7-8» del doctor Andrew Weil, director de Medicina Integral de la Universidad de Arizona. Así: inhala con profundidad el aire con conteo mental, hasta 4 segundos – sostenlo, hasta 7 – espira fuerte, hasta 8. Se basa en la técnica de respiración a profundidad desde el diafragma para captar mejor el oxígeno y lograr relajarse. Se recomienda practicarlo sentado, y no más de cuatro veces al día.

    Nota: si sientes que la ansiedad es crónica, consulta con un sicólogo clínico profesional, para que te ayude a encontrar la causa y la solución más efectiva.

Dejar de mirar atrás: no quedarte deprimido en el exceso de pasado

*«Si mi conciencia del futuro y el pasado
me hace menos consciente del presente,
debo empezar a preguntarme si estoy
viviendo de verdad en el mundo real».*[64]

Alan Watts

UNO DE LOS FACTORES QUE MÁS AFECTA LAS RELACIONES INTER-
personales, al lado de su opuesto, el exceso de futuro, es el de
ansiar en demasía el pasado o quedarse estacionado en los recuerdos, que producen depresión y una actitud sombría permanente.

Las personas que miran atrás y piensan que «todo tiempo
pasado fue mejor», no pueden ser asertivas porque viven en una
constante tristeza pasiva, acongojadas, melancólicas, y les cuesta mucho trabajo establecer relaciones interpersonales saludables. Al fin y al cabo, nadie quiere permanecer con alguien que no

transmite alegría y paz, sino desesperanza y desconsuelo por sus memorias atrofiadas del pasado.

Viven con la tendencia a decir: «En mi época»... y tratan de vivir el presente, con la añoranza de los años que vivieron hace rato, y que ya no pueden devolver, por más que lo intenten. Por eso sufren y se quedan estancadas. Viven de «lo que hubiera podido ser» y suelen experimentar casi de manera literal el refrán popular de «llorar sobre la leche derramada».

Su patrón comunicativo es el de quejarse por todo lo que sucede «ahora», por las costumbres «modernas» y por las ocurrencias «actuales». Con frases como: «En mi época, a nadie se le hubiera ocurrido tal cosa»... Por lo general, se apegan a los objetos antiguos, aunque estén desbaratados, desteñidos, dañados, oxidados, apolillados, enmohecidos y obsoletos. Una de sus frases más escuchadas ante los cambios y la innovación tecnológica es la de: «Es que a mí me atropella la tecnología».

El principal problema es cuando se obsesionan con el pasado, que les hace perder la sana perspectiva de lo actual, y permiten que la vida les pase por el frente, sin lograr disfrutar el presente y sus relaciones con otras personas.

Frases y posturas típicas de los diferentes tipos de deprimidos por el exceso de pasado:

- Quejumbrosos: viven en estado de queja y murmuración permanente, y hablan siempre de lo que pudo haber sido y no fue: «¡Ah! Si le hubiera dicho...», «Tal vez lo mejor hubiera sido...», «Qué tal si mejor hubieras...».
- Plañideros: son llorosos, se lamentan de todo y gimen con frecuencia, cuando recuerdan un suceso o a una persona dicen: «¡Ay! qué pesar de mi amiga, que ya no está aquí para disfrutar con nosotros hoy...», «Qué día tan nublado y gris, así no se puede hacer nada», «Mucha lástima me dan las personas cuando van a cruzar la calle», «Pobrecito el perrito, que se perdió hace cinco años y nadie pudo encontrarlo».

- Utópicos: declaran siempre que sus metas, sueños y propósitos son imposibles, inalcanzables, y se boicotean basados en las realidades trágicas del pasado: «Me encantaría ir a Grecia, pero es imposible, fíjate lo que le pasó a mis vecinos hace diez años», «Ese carro es precioso, me gustaría tenerlo, pero mejor voy a esperar a poder obtener uno como el de mi abuelo», «Mi sueño es ir a estudiar al exterior en esa universidad, pero tal vez mejor no, porque de pronto sucede un desastre como el de hace dos años».
- Nostálgicos: mantienen un estado de añoranza por los tiempos pasados. Quisieran vivir en épocas anteriores y consideran que eran tiempos maravillosos, que no deberían haber cambiado a lo que son ahora: «Si tan solo tuviéramos esa música tan linda de antes», «Aquí me quedaré en la ventana por horas, mientras suspiro con los recuerdos de mi adolescencia».
- Desconfiados: no confían en nada que sea actual, genere cambio o implique innovación. Miran con incredulidad los éxitos de los que traen nuevas ideas, productos o procesos, y los descalifican: «Eso de ahora no sirve para nada, lo de antes sí era de calidad», «Los cambios no son tan buenos, prefiero quedarme como estoy», «Es mejor malo conocido que bueno por conocer».

Sugerencias para salir del pasado y relacionarse en el presente

Como en cada una de las claves que hemos estudiado, en este caso también es necesario, ante todo, el reconocimiento del mal hábito para poder entrar en la búsqueda del cambio hacia nuevos hábitos saludables de relacionarse, con la mirada en el presente y no en las cosas pasadas.

- Concientizar que el daño de quedarse estacionados en el pasado, en modo «parqueo», no es nada conveniente para nosotros mismos.
- Romper los ciclos como una tarea que debemos realizar con periodicidad, para no entrar en estancamiento.
- Hacer bien el duelo para dejar ir aquellas cosas, personas, situaciones, lugares que nos pueden mantener suspendidos en el tiempo y nos impiden avanzar.
- Pensar que lo mejor está por venir, sin vivir ubicados en la falsa idea de que todo lo pasado fue mejor, que lo actual es malo y lo que viene podría ser peor.
- No mirar hacia atrás, sino fijar la mirada hacia adelante, concientes de que debemos proseguir hacia la meta, hacia nuestro propósito de vida, porque el que pone la mano en el arado y mira hacia atrás, no es apto.
- Ser prácticos y buscar siempre las soluciones, no quedarnos estancados en el problema para remover las emociones dolorosas del pasado, que no nos permiten encontrar la salida efectiva a ninguna situación.

Algunas sugerencias de prácticas que podemos realizar de manera sencilla para abordar la realidad de autorregularnos. Salir de las cosas de «antes», para entrar en las de «ahora», y comenzar a disfrutar de una forma de comunicarnos más asertiva y proactiva con los demás:

- Estudiar las reacciones cuando te encuentras demasiado detenido en el pasado, y analizar cuáles son las actitudes y respuestas que presentas con frecuencia en esos momentos.

  Algunas de las señales frecuentes para estudiarlas pueden ser:
  ✦ Desorden alimenticio: ir a la cocina a comer y abrir la nevera largo rato para consumir todo lo que encuentres.

✦ Llanto constante: llorar sin parar con muchas cajas de pañuelos, refunfuñando por lo sucedido.

✦ Malos hábitos nerviosos: comerte las uñas con ansiedad, mientras piensas en las escenas inconcebibles del recuerdo.

✦ Aislamiento: encerrarte y cerrar todas las cortinas para no ver a nadie y que nadie te vea.

✦ Descuido personal: quedarte todo el día sin bañar ni arreglar porque piensas: *Hoy no tengo ganas de nada, si se cae la casa, pues que se caiga!*

✦ Renunciar: mandar todo y a todos «¡bien lejos!».

✦ Desconectarse: dormir muchas horas más de lo normal y desentenderte, pues nada funciona como antes.

✦ Compras compulsivas: de cosas que no necesitas, pero que te ayudan a recordar lo pasado.

✦ Escapismos: fumar y beber licor en exceso y de manera compulsiva, para «ahogar» las penas del pasado, aunque estas sepan «nadar» en la memoria.

✦ Hermetismo: no querer hablar con nadie.

✦ Despecho: escuchar música melancólica que habla de dramas dolorosos como «cortarse las venas» u odiar al otro por el pasado.

✦ Insistencia: ver las mismas imágenes de películas que te mantienen en las escenas del pasado.

✦ Apego a las cosas: querer guardar todo lo viejo dentro del armario o el baúl de los recuerdos, porque «de pronto sirve algún día».

• Reconocer como pésimos hábitos todas esas actitudes depresivas que necesitas aprender a cambiar, para disfrutar confiado en la perspectiva de un presente y un futuro de paz y gozo.

• Buscar expresar las emociones o sentimientos de alguna manera que te permita exponerlos y sacarlos del baúl de los recuerdos. Así podrás comenzar a darle la perspectiva correcta a esos momentos, buenos o malos, que viviste y que te mantienen detenido en lo sucedido. La mejor forma de realizarlo es con una persona de confianza, que podría ser un mentor para ti.

- También puedes intentar escribirlos en una lista. Piensa en todas aquellas cosas y sucesos que te obligan a permanecer apegado al pasado y no te dejan avanzar.

- No mires lo que queda atrás, busca la sabiduría del corazón alegre, que es un buen remedio. Porque el espíritu triste, concentrado en el pasado, es una enfermedad para tus emociones y para todo tu organismo.

- En tus momentos de meditación, busca las promesas de Dios y entrégale el pasado, para que él renueve tu presente día a día. Si alguien está en él, lo viejo ha pasado, y ha llegado lo nuevo: «Porque yo sé muy bien los planes que tengo para ustedes [...] planes de bienestar y no de calamidad, a fin de darles un futuro y una esperanza. Entonces ustedes me invocarán [...] y yo los escucharé. Me buscarán y me encontrarán cuando me busquen de todo corazón».[65]

- No permitas que te arrastre la avalancha de la melancolía que produce depresión, por la añoranza del pasado o por las heridas no sanadas de los recuerdos, que no solo te deprimen, sino que te llevan a quejarte en forma continua y progresiva.

- Desarrolla el hábito de disfrutar las pequeñas cosas del presente. Enfocarte en actividades y personas que te ayudan a ver la vida en el presente, con gozo. Celebra la vida. Comienza a ser sensible a los detalles y da gracias por ellos.

- Disfruta un café con un amigo. Dale tiempo a reír, a cantar con personas con las que puedas mantener buenas relaciones, y recuerda que fuiste diseñado para ser libre, no esclavo emocional del pasado.

- Realiza conversaciones acerca de lo que está sucediendo hoy, no acerca de aquello que pasó y que no te deja en paz. Habla del lindo día, de la película del momento, de las noticias, de la comida exquisita que van a cenar esta noche.

- Vive el presente con alegría y podrás no solo disfrutar tu vida, sino contagiar a todos a tu alrededor del gozo propositivo que genera relaciones saludables.

- Da gracias por el pasado y atrévete a soltarlo. La aceptación del pasado, por difícil que este haya sido, es fundamental para salir de él y que no te atormente como un gigante aplastante. Aceptar que no puedes cambiar el pasado es ya un gran paso. Pensar que aun las personas y situaciones más duras pueden haber sido una bendición para que seas una mejor persona y permitirte crecer. Si desarrollas el hábito de la gratitud por todo lo que has vivido, incluso por las personas difíciles, podrás experimentar un cambio radical en tu presente.

- No tengas temor de pedir ayuda en caso de que tus recuerdos te agobien o te sientas demasiado deprimido que no seas capaz de desarrollar tu autorregulación, ni conseguir el dominio propio. Si crees que se trata de un trastorno inmanejable, busca ayuda profesional, para pasar del estado de depresión por el pasado, al deleite del presente feliz, con relaciones armoniosas, llenas de vida en abundancia.

EJERCICIO

Practica estas dinámicas para reducir y eliminar la ansiedad.

1. Camina y haz ejercicio. La disciplina del ejercicio te ayudará a eliminar toxinas y descansar mejor. No necesitas que sea muy fuerte, pero una rutina firme, constante, se convertirá en un hábito agradable que te ayudará a manejar la ansiedad. ¡Camina! Ve al gimnasio o sal al parque. Te relacionarás mucho mejor.

2. Regula tus horas de descanso y sueño. Desconéctate de todo y aprecia el sueño y el descanso como una disciplina valiosa para tu salud física, emocional y relacional. Dormir bien trae beneficios muy importantes a tu vida. Regula tus horarios: ve temprano a dormir, a la misma hora. Y levántate temprano, a la misma hora. Puedes ayudarte con la alarma del celular o del despertador.

3. Mantén tu alimentación saludable. Mantén una dieta con buenos hábitos permanentes. Elimina los excesos. El mal manejo de tu digestión puede producir problemas de ansiedad severos. Mientras que unos buenos hábitos alimenticios te ayudarán a balancear no solo tu salud física, sino también emocional y relacional.

4. Busca referentes clave. Puedes usar el método de mirar y observar a las personas que saben manejar sus estados emocionales. Estos referentes clave te ayudarán a saber cómo ellos logran relacionarse, sin ansiedad, y ofrecer respuestas balanceadas, ni agresivas, ni pasivas, como gente equilibrada.

5. Medita en las maravillas de la Creación. Una forma perfecta para controlar la ansiedad es meditar con la mirada enfocada en Dios. El rey David llegó a decir: «Dichoso el hombre que [...] en la ley del SEÑOR se deleita, y día y noche medita en ella. Es como el árbol plantado a la orilla de un río que, cuando llega su tiempo, da fruto, y sus hojas jamás se marchitan. ¡Todo cuanto hace prospera!».[66]

Clave #20

Enfocarte: eliminar los distractores de tu propósito, para lograr una vida intencional.

«La inspiración existe, pero tiene que encontrarme trabajando».[67]

Pablo Picasso

UNA DE LAS FORMAS DE OBSTACULIZAR LAS RELACIONES PERSO-nales y laborales es distraernos del enfoque necesario para lograr los objetivos propuestos. Se requiere autorregulación para obtener disciplina, organización y priorización.

Necesitamos darle énfasis a la habilidad más importante, pero menos utilizada y desarrollada del talento humano, que es la del enfoque. Porque por medio de la capacidad de enfocarse se llega a la calidad y la excelencia total. Es evidente que la gente con capacidad de enfoque logra óptimos resultados en cualquiera que sea su carrera. Son personas capaces de conseguir desconectarse del quehacer y enfocarse en el ser. En el ser supremo (Dios), en el ser íntimo (sí mismo) y en el ser del otro (el próximo).

Una persona enfocada logra mayor capacidad de atención, entendida como una ciencia. Por eso en esta época, en que todo se nos presenta con un ruido y un potente distractor, es más que necesario cultivar la capacidad de enfoque, como un determinante del éxito, por medio de la autorregulación y la empatía, para el mejoramiento de la comunicación y las relaciones interpersonales saludables. Acerca de la importancia del enfoque, Steve Jobs dijo que para enfocarse no era necesario decidir qué hacer, sino qué no se debe hacer.

Los beneficios del enfoque son evidentes, y los resultados son impresionantes cuando logramos enfocarnos de verdad. El enfoque produce ganancias como:

- Mantener relaciones coherentes entre los planes acordados y los resultados obtenidos con cada acción ejecutada.
- Poder disfrutar de la ganancia, en calidad de vida, gestión del tiempo y aun en dinero, que produce enfocarse sin dejarse distraer por nada.
- Relaciones positivas que apuntan a metas conjuntas e ideales compartidos, con una misma ruta.

Las personas enfocadas se distinguen porque son capaces de conseguir sus logros con mayor facilidad y, por lo general, pueden ayudar a otros a lograr los suyos, como líderes eficaces.

Entre sus habilidades se encuentran:

- Evitan perder tiempo y esfuerzos en vano en aquello que las distraiga y les impida marcar la diferencia.
- El tiempo que les dedican a las tareas es mucho mejor administrado, y de esa forma logran aumentar los espacios para disfrutar o realizar tareas enriquecedoras.

- No se sienten ahogadas por montones de actividades y presiones, sino que viven en la dicha de poder respirar tranquilas, con la satisfacción del deber cumplido.
- Mantienen una buena higiene mental y sus ideas se encuentran en orden, de tal manera que pueden vivir más organizadas y en calma.
- Miran el logro de resultados como una oportunidad para compartir más y mejor tiempo con las otras personas.
- No se dejan distraer por nada ni por nadie, porque saben lo que quieren y para donde van.
- Avanzan con energía y emprendimiento hacia las metas, con paso de conquista.
- Viven en permanente reinvención, para lograr el cumplimiento de los objetivos y metas trazados.
- Evitan los hábitos y las personas tóxicas, porque saben que los pueden hacer salir de lo más importante en la vida: el objeto de su enfoque.

Una vida enfocada, definida e intencional

Sin duda, el enfoque se logra cuando conocemos y entendemos cuál es el propósito. Eso nos permite saber hacia donde vamos y definir lo que debemos elegir ser y hacer, con una intencionalidad clara.

En mi serie de libros de «Habilidades de comunicación hablada, escrita y escuchada» hablé, en 2015, acerca de la importancia de ser intencionales. Allí digo que, para lograrlo es necesario realizarnos preguntas concretas sobre: qué quiero decir, por qué lo quiero decir y para qué lo quiero decir. Cuando contamos con esos tres factores definidos, entonces sí podemos comenzar a pensar en: cómo lo quiero decir, y convertirnos así en comunicadores asertivos.[68]

En su libro *bestseller*, *Una vida con propósito*, con catorce millones de copias vendidas, # 1 en ventas, según el *New York Times*, el autor Rick Warren dice: «Si se ha sentido sin esperanza, ¡Espérese! Cambios maravillosos ocurrirán en su vida cuando comience a vivirla con propósito».[69]

Conocer el propósito nos ayuda a enfocar en cada una de las acciones que debemos realizar para coseguir las metas y objetivos, sin perder tiempo, ni dejarnos caer por los embates de las circunstancias.

El enfoque nos ayuda a alcanzar un mayor índice de emprendimiento, nos vuelve resilientes –con capacidad de reinventarnos ante cualquier dificultad– y nos convierte en personas más aptas para conseguir relaciones más armoniosas. Al final, las relaciones interpersonales se convierten en la razón principal del enfoque.

Cuando somos intencionales en el propósito, el proceso de enfocarnos se convierte en un ejercicio mucho más agradable, de impulso y motivación permanentes. Podemos ver día a día que fuimos diseñados con la habilidad de enfocarnos, para conseguir el llamado y destino divino.

El enfoque de los emprendedores

Para hablar del tema del emprendimiento, también es necesario concentrarse en un punto clave del logro: el enfoque. Si alguien quiere ser un emprendedor exitoso, requiere tres llaves: enfoque, enfoque y enfoque. La capacidad de no dejarnos distraer, organizar las tareas, cumplirlas con autodisciplina para llegar al objetivo de manera efectiva, no se logra si no es con enfoque.

Algunos pasos para el enfoque claro y asertivo son:

1. Dibuja el mapa de ideas con tus metas.
2. Escribe las acciones clave que necesitas realizar para conseguirlas.
3. Organízalas, en orden de prioridades.

4. Crea hábitos para lograr cumplirlas. Como dormir bien, comer saludable, levantarte temprano, hacer ejercicio...

5. Avanza con la lista, de acuerdo con los horarios y la agenda que más te conviene, según tu día a día. Por ejemplo: si tu meta es escribir un nuevo libro, y te quieres enfocar de verdad en lograrlo, una de las metas de tu lista debe ser escribir de 6 a 7 a.m. Porque esa es la hora en que te sientes más lúcido. Y conviértelo en una disciplina irreemplazable.

6. Analiza día a día los resultados de tu reinvención y tu enfoque. Haz los cambios necesarios de aquello que no funcione y dale énfasis a lo que te funciona bien. Marca siempre los logros y pendientes para continuar la medición del enfoque.

7. Celebra los triunfos con señales de: «¡Bien hecho!», que te ayudarán a automotivarte para continuar enfocado.

8. Consigue tu propio modelo de enfoque, persistente, intencional y exitoso.

Cuando tu emprendimiento cuenta con enfoque, irás directo a cumplir tus sueños, sin que nada ni nadie te detenga, porque tienes claro el propósito y la intencionalidad.

El enfoque nos ayuda a hacer menos y lograr más

La tendencia cultural que vivimos en las empresas y organizaciones, también en las universidades, es a pensar que si trabajamos sin descanso, «llevados» por la cantidad de tareas, reuniones, correos, gestiones... que debemos realizar, entonces somos muy eficientes y efectivos.

Es todo lo contrario. Cuando realizamos muchas cosas a la vez, en medio del síndrome del multitasking, que no nos deja un minuto para nosotros mismos, ni para nadie, somos poco eficientes. La razón principal: falta de enfoque.

La ansiedad por hacer muchas cosas nos desenfoca de lo que sí debemos hacer de verdad. Existen varios métodos muy reconocidos, que nos ayudan a organizar el día a día, para no mantenernos ansiosos y perturbados, lo cual imposibilita las sanas relaciones con los demás.

El enfoque nos ayuda a ser más sabios, y a contar con la capacidad de relacionarnos con otros desde la perspectiva de una vida con propósito e intencionalidad, que sirve como inspiración e influencia para otros. Nadie puede ser un influenciador, a menos que cuente con la habilidad desarrollada de enfocarse con inteligencia.

En la medida en que nos enfocamos, podremos realizar un plan de acción libre que nos permita respirar en paz. Esto implicará tener que eliminar muchas acciones y actividades que nos ahogan. Aunque duela, tendremos que contar con la inteligencia emocional y la sabiduría para abandonarlas, o de lo contrario terminarán por ahogarnos y afectar todas nuestras relaciones.

Sugerencias para un enfoque saludable y efectivo:

- Ser flexibles: es importante la flexibilidad con los planes de enfoque, para que no nos volvamos rígidos y esquemáticos por tratar de conseguirlos.
- Estar enfocados en las personas: debemos analizar nuestras actitudes y reacciones en medio del proceso de enfoque, para no perder de vista nunca que, lo más importante, son las personas, no los «resultados».
- Ser agradecidos: dar gracias a la gente que nos apoya y ayuda. Reconocer su importancia y valor dentro del proceso de enfoque intencional.

Pasos para conseguir el enfoque:

1. Ubica las tres tareas principales que necesitas desarrollar, enfócate solo en ellas y no te distraigas con otras cien.

2. Busca la forma de hacer menos y lograr más.

3. Piensa que tu área de enfoque te ayudará a eliminar el agobio que te produce el estrés de hacer muchas cosas a la vez de manera improductiva.

4. Trabaja con «alarmas» en el celular o en el reloj, que te ayuden a parar y descansar cada cierto tiempo. Pueden ser intervalos de cuarenta minutos a una hora.

5. Intenta tomar tiempos responsables de descanso para respirar, cambiar de actividad y regresar a la zona de enfoque con mayor impulso.

6. Realiza ejercicios de estiramiento y respiración para mantener el equilibrio y la calma, con buen oxígeno y buena postura.

7. Desarrolla la habilidad de desconectarte de todos los «ruidos» que te mantienen distraído, como las redes sociales, los correos, la TV o cualquier otra forma de «infoxicación». Dales tiempo limitado, y no te dejes enredar por sus atractivos mensajes, que pueden llevarte a perder demasiado tiempo y, lo peor, todo tu enfoque intencional.

8. Dales plazos de tiempo exactos a las tareas. Si debes entregar un texto, o cualquier otra producción, ponte tus propios límites de entrega, y dale ritmo al día a día, para que los puedas cumplir sin retrasos ni impedimentos.

Aprende a contemplar y disfrutar a partir del enfoque

Cuando nos enfocamos, desarrollamos la capacidad de disfrutar de los detalles mínimos, sin pasarlos por alto. Podremos contemplar una fruta o escuchar una melodía con mayor sensibilidad.

De esa manera, disfrutaremos mucho más todo lo que hacemos. Por lo general, cuando vivimos desenfocados, con muchas tareas y afanes, perdemos esa virtud de mirar hacia la creación de Dios y dar gracias, o sonreír por el color de las hojas de un árbol en otoño, o por las formas de las nubes en un bello amanecer de verano.

El enfoque nos convierte en personas más atentas, vivaces, vibrantes, y también más humildes, porque no nos creemos el centro del mundo, sino que sabemos que somos parte del gran universo de la creación, en medio del cual vivimos para dar gracias y servir a otros con una vida más intencional y enriquecida. ¡Gracias a Dios!

EJERCICIO

Desarrolla estos ejercicios para ser una persona con enfoque.

Muchas personas no han llegado a la concientización de la importancia de enfocarse para ganar tiempo, dinero y, lo más importante, paz interior.

Algunas que sí cuentan ya con esa internalización de la importancia del enfoque, no tienen idea de cómo lograrlo de una manera práctica y objetiva. Aquí te presento algunas dinámicas que te pueden servir para lograr enfocarte y apuntarle a la excelencia de tus acciones y de tus relaciones:

1. Dale un valor en ganancias a tus logros: es decir, piensa cuánto pueden costar las labores que realizas y escribe la cifra al lado de cada una, en orden de prioridades. De esa manera, cuando quieras desenfocarte, concientizarás todo lo que perderías por no enfocarte en la tarea. Por ejemplo, escribir el correo al cliente «X» = 3,000 dólares. También puedes escribir el valor o significado personal que implica para ti. Como realizar la llamada pendiente a la persona «X» = Tranquilidad.

2. Organiza la semana para priorizar tu enfoque: puedes darle la mayor energía a los tres primeros días: lunes, martes y miércoles = enfoque en lo más importante. Jueves y viernes = tareas secundarias, que pueden impulsar la próxima semana. Revisa tu lista de prioridades y pendientes cada semana. Así le darás enfoque a los asuntos más relevantes y comenzarás a eliminar los que te desenfocan.

3. Enfócate en aquello que dará mayor impacto: tal vez debas renunciar a algunos asuntos que has realizado por años, pero que solo te han quitado tiempo para lo que de verdad puede impactar tu vida y tus metas. Vas a ver cómo empezarás a generar una sinergia, a través del enfoque, que te permitirá el crecimiento esperado. Ignora las tareas no relevantes e insignificantes que te roban tanto tiempo y te obligan a duplicar

esfuerzos. Esto te ayudará a tratar mejor a las personas a tu alrededor, porque no estarás asfixiado y presionado, sino libre.

4. Delega para enfocarte: después de lograr priorizar y eliminar aquello que te desenfoca, verás que has ganado en tiempo y dinero. Y, lo más importante, también en espacio y energía para tus relaciones interpersonales. Ahora podrás contar con los ingresos y el reordenamiento suficientes para comenzar a delegar en otros algunas tareas. Entonces serás mucho más enfocado y feliz.

Clave #21

Afianzar tu fe: ¡todo es posible, si puedes creer!

«Somos aquello en lo que creemos».[70]
Dr. Wayne W. Dyer

EL NIVEL MÁS ELEVADO Y SUBLIME DE HABILIDADES DEL SER ES EL de creer, porque cuando creemos, proyectamos una comunicación asertiva, apoyada con firmeza en principios determinantes para las relaciones, como confianza, seguridad, esperanza, serenidad, paz y fuerza interior, que proyectamos a los demás por la ley de causa-efecto.

Cuando creemos, transmitimos las emociones y sentimientos como gente de potencial, a partir de la solidez que produce la fe y que se percibe en cada una de las conversaciones con un lenguaje generativo, persuasivo, capaz de inspirar a los otros, dentro de su área de influencia, a creer también.

El físico alemán de origen judío, Albert Einstein (1879-1955), el científico más reconocido del siglo veinte, dijo que solamente hay dos formas de vivir la vida; una es pensar que no existen los milagros, la otra es creer que todo es un milagro. Cuando vivimos con la fe en que todo es un milagro, la existencia se vuelve mucho más expectante, agradable y sencilla. Vivimos en el deleite del asombro.

Las personas incrédulas mantienen una constante lucha interior con su incredulidad y pelean con su propia obstinación interior para lograr no creer en nada; aunque cuenten con evidencias tangibles de la existencia de Dios y de sus milagros en el universo día a día, ellos siempre esperan «una señal más» para poder creer, aunque nunca les son suficientes. Por lo general, sus pensamientos se tornan oscuros, tortuosos y difíciles, como resultado del oscurantismo de una duda constante.

Mi papá, Gonzalo González Fernández, es un vivo ejemplo de cómo sí se puede pasar de la incredulidad a la fe. Intelectual y erudito colombiano, estudioso del sicoanálisis y seguidor de los filósofos griegos, periodista, abogado y un extraordinario profesor de Periodismo y Derecho por treinta años, vivió siempre con el dilema de la incredulidad. Fue maestro de maestros, muy querido y apreciado por una de las generaciones más prolíficas de periodistas en Colombia.

Estudiaba y era experto, entre otras muchas materias, acerca de «La duda metódica». Un poco tarde, a los 72 años, poco antes de partir, logró deshacerse de lo que el llamó: «Esta terquedad intelectual que siempre me acompaña». Declaró frases impresionantes como: «Todas mis dudas son el producto de una lógica frustrada».

Cuando consiguió creer, entendió varios pasajes bíblicos que antes le producían simpatía y atracción, pero que no había logrado descifrar, porque los leía a través del humo denso de sus dudas e incredulidad. Así pasó, de la oscuridad intelectual a la luz espiritual, que solo logró conseguir a partir de la sabiduría obtenida por el tardío acto de creer y obtener fe.

Llegó a decir: «Hay un cielo nuevo y una tierra nueva» y «existe el paraíso recobrado». Y es justo allí donde ahora se encuentra, desde hace más de veinte años y por la eternidad, sin ninguna duda.

Así fue como mi papá, a quien tanto amé, seguí y admiré, llegó a experimentar la frescura, la delicia y la libertad total que produce el hecho de poder creer y entender pasajes como el del primer capítulo del libro de Juan: «Mas a cuantos lo recibieron, a los que creen en su nombre, les dio el derecho de ser hijos de Dios».[71]

Llegó a admirar cada uno de los diálogos de Jesús. Como aquel cuando le preguntaron los incrédulos acerca de si él era capaz de realizar una acción que para todos había sido imposible de lograr, y él les respondió: «¿Cómo que si puedo? Para el que cree, todo es posible».[72]

Cuando creemos, logramos también contundencia en afirmaciones lingüísticas como «todo», que son señal de asertividad y permiten a los demás experimentar la determinación, firmeza, certeza y convicción de aquello en lo que creemos.

El prolífico autor francés Alejandro Dumas (1802-1870), quien escribió casi trescientas novelas y ochenta obras teatrales, con obras cumbres como *Los tres mosqueteros*, *El Conde de Montecristo* y *La Reina Margot*, dijo acerca del acto de creer: «Creemos, sobre todo porque es más fácil creer que dudar, y además porque la fe es la hermana de la esperanza y de la caridad».[73]

Por supuesto, es más sencillo, sabio y feliz el acto de creer conducente al camino seguro de la esperanza, que el conflictivo desgaste de la incredulidad, que no nos conduce a ningún lado y produce un vacío comunicativo confuso y desgastante. Ante la limitante miopía espiritual, el mismo autor francés, Alejandro Dumas, aseveró con su usual asertividad en las afirmaciones que la vida es fascinante, simplemente debemos mirarla a través de las gafas adecuadas.

Más que creencias

Las creencias son conocidas hoy por varios métodos de autoprogramación, como «la forma en que percibimos la vida». Se conciben como los juicios y las evaluaciones aprendidos acerca de nosotros mismos, de los demás y del mundo, que se convierten en principios de acción bajo la premisa de que todo aquello en lo que cree una persona, lo transmite más con sus acciones que con sus palabras.

Según algunos programas alternativos de autoayuda, si percibimos el mundo de una manera, actuamos de acuerdo con esa creencia. Utilizan algunos principios universales básicos en cuanto al ser y les integran prácticas de autocontrol para conformar su metodología de programación personal.

En estas páginas nos referimos a la fe y al valor intrínseco de creer, no como una suposición de nuestras creencias personales limitantes, sino a la fe como fruto del Espíritu en el carácter, que conduce a vivir con la certeza de lo que se espera y la convicción ilimitada de lo que no se ve.[74]

Cuando las acciones se mueven por medio de la fuerza de esa fe, transmitimos confianza y esperanza en cada afirmación. Pero si nuestro lenguaje depende solo de las creencias personales afectadas, hablamos con temores y vacilaciones, basados en experiencias pasadas. Incluso si se logran autoprogramar para cambiarlas por otras mejores, menos afectadas, no llegan al nivel sobrenatural de la fe.

Así que para alcanzar esa fe en el nivel de «todo es posible» es necesario ver el mundo a través de la revelación que nos permite creer y entender por gracia y no por esfuerzos personales. Más allá de la temporalidad, es la fe que brinda esperanza, con la mirada puesta en la eternidad.[75]

Creer para ser realmente felices

Las conversaciones y la forma de hablar de la gente que cree se destacan por ser enfáticas y efectivas. A menos que se trate de un discurso religioso, afectado más por la verborragia densa y aburrida que genera resistencia. La palabrería percibida como fanatismo o esoterismo impide establecer relaciones saludables, libres de afectaciones porque, en muchos casos, aparece más como mecanismo de defensa que como el verdadero, libre y profundo acto de creer. Por eso es ofensiva y molesta, además de que bloquea la fluidez de la comunicación interpersonal.

Para entender más la profundidad, longitud y anchura de la verdadera fe, podemos acudir a grandes pensadores y oradores que han abordado el tema desde la sabiduría, y nos dejan grandes reflexiones inspiradoras, como Charles Spurgeon. Entre sus discursos destacados está el que realizó en New Park Street, Londres, sobre la fe.

Spurgeon, conocido como el más notable orador del siglo diecinueve, declaró una mañana de 1853:

El fin principal del hombre es agradar a Dios, pues al hacerlo (no necesitamos afirmarlo, porque es un hecho fuera de toda duda), se agradará a sí mismo. El fin principal del hombre en esta vida y en la venidera, así lo creemos, es complacer a Dios su Hacedor. Si un hombre agrada a Dios, hace lo que más le conviene para su bienestar temporal y eterno. El hombre no puede agradar a Dios sin atraer hacia sí mucha felicidad, pues si alguien agrada a Dios, es porque Dios lo acepta como Su hijo.

Sin fe es imposible agradar a Dios.[76]

Es decir, puedes hacer lo que quieras, esforzarte tanto como puedas, vivir de la manera más excelente que quieras, presentar los sacrificios que escojas, distinguirte como puedas en todo aquello que es honorable y de buena reputación. Sin embargo, nada de esto puede ser agradable a Dios a menos que lleve el ingrediente de la fe.

Pasos para entender y afianzar la fe

La fe, entendida como un fruto, y también como un don, proviene de cultivar la relación con el Espíritu de Dios y con su Palabra. No es el resultado de la intelectualidad ni de la filosofía humanista.

Para dar pasos firmes y afianzar de manera más sólida nuestra fe, necesitamos entender varios aspectos determinantes para llegar al acto mismo de creer:

1. Fuimos diseñados para creer.
2. La gente cree porque cuenta con la facultad de tener fe.
3. La sabiduría de lo alto proviene de la fe.
4. Sin fe es imposible agradar a Dios.
5. La fe viene por oír su Palabra.
6. Por la fe podemos avanzar, con la mirada puesta en la eternidad.
7. Por la fe todo es posible, si podemos creer.

Claves para aumentar la fe y vencer la incredulidad

Muchas de las escrituras del Nuevo Testamento en la Biblia hablan acerca de la importancia de creer, para ser libres y empoderados, según las promesas de Dios. Con la confianza de que, cuando logramos alcanzar la fe, también podemos conseguir mejores relaciones con el prójimo, a través de la fe, que actúa a través del amor.

Jesús le dijo a la gente: «Ciertamente les aseguro que el que cree en mí las obras que yo hago también él las hará, y aun las hará mayores».[77]

Para obtener la fe verdadera, es necesario:

- Caminar paso a paso, con acciones que ejercitan el acto mismo de creer.
- Enriquecer la fe con la lectura de la Biblia.

- No creer que viene por el esfuerzo de la religiosidad o los sacrificios.
- Aplicar la ley de ser hacedores y no solo oidores de los principios de Dios.
- No esperar a ver para creer. La fe no es en las cosas que se ven, sino en las que no se ven.
- Cultivar la fe como un fruto del Espíritu, al lado del amor, la alegría, paz, paciencia, amabilidad, bondad, fidelidad, humildad y el dominio propio.
- No tener un concepto más alto de sí mismo, sino más bien pensar de sí con moderación, según la medida de fe.
- No enfocarse en las circunstancias, sino desarrollar la confianza en lo que Dios puede hacer, y apoyar toda la fe en él.
- Estar de acuerdo con otros para creer. Esto ayudará a fortalecer la relación con ellos y también la fe será más firme. Si dos están de acuerdo sobre cualquier cosa que pidan, les será concedida.
- Actuar con la fe. Porque la fe sin obras es muerta. La fe es el sustantivo y creer es el verbo, o sea, la acción: «¡Todo es posible, si puedes creer!».

EJERCICIO

Desarrolla este ejercicio para crecer en la capacidad de creer y elevar tu nivel de fe.

Sal a la ventana, o al lugar natural que tengas cerca de tu casa: el mar, los árboles altos del bosque, un lago amplio, una sierra nevada... o simplemente mira las inmensas nubes del cielo.

Míralas fijamente y compáralas con el problema, circunstancia, situación o dificultad más grande que tengas: Puede ser:

- Una dificultad financiera.
- Un problema de relación sentimental.
- Una crisis familiar.
- Un bloqueo en tu trabajo y a nivel laboral.
- O cualquier otro conflicto personal.

En voz alta diles a esas montañas, como una declaración contundente: ¡Quítense!... Y se moverán de acuerdo a tu fe. Cada vez que la incredulidad y la desconfianza quieran interponerse, declara: «¡Yo creo!».

Lee libros y mira videos que te ayuden a edificar tu habilidad para creer. La fe es un fruto que se cultiva y una capacidad que se desarrolla. Ejercitarla implica procesos de aprendizaje y profundización.

Lee la Biblia, con disciplina diaria, a una hora especial del día, como el mejor manual práctico de fe que puedes obtener. La fe se alimenta, se desarrolla y se fortalece al escuchar, estudiar y meditar en la Palabra de Dios. Verás cómo crecerás en tu fe, como un escudo que se levanta y un fruto que se cultiva y produce el delicioso sabor del triunfo en tu vida.

Además, obtendrás un extraordinario tiempo de meditación y reflexión que te producirá paz y gozo inquebrantables. Ya no vivirás por las circunstancias, sino por la fe.

Si aún no crees, pídele a Dios que te ayude a transformar tu incredulidad en convicción y certeza absoluta de lo que no ves, pero esperas. Y recuerda siempre las palabras del iniciador y perfeccionador de la fe, Jesús:

«Todo es posible para el que cree».[78]

AGRADECIMIENTOS

Gracias a Dios, porque su amor asertivo perdura para siempre.

Gracias a mi esposo, Jim, por ser mi principal motivador, promotor, soporte e impulso. Por su ánimo resuelto, su capacidad de apoyarme, respaldarme en todo e inspirarme con su amor verdadero.

Gracias a mis preciosos hijos, Daniel y Ángela, por ser mi mejor testimonio de una relación interpersonal asertiva entre hermanos. La perfecta afinación para una familia en armonía y la mejor receta para una convivencia deliciosa y feliz.

Gracias a mi valiosa nuera, Majo, quien me acompaña en esta jornada de investigación para ayudar a las personas a mejorar sus propias vidas.

Gracias a mi mamá, Stella, por sus oraciones y por su ejemplo de vida saludable que me inspira a ser joven siempre.

Gracias a todo el equipo de CLIC Mentors, por su dedicación, persistencia, paciencia, pasión, inteligencia, creatividad, amabilidad, espíritu emprendedor y su fe. Sin duda, son los mejores para lograr este libro y todos los proyectos que nos hemos propuesto para transformar al mundo... ¡Hacemos CLIC!

Gracias al equipo de la Editorial Harper Collins, en Nashville, por confiar en mí para la publicación de este nuevo libro, que será clave en mis nuevos programas de *mentoring*. Ser autora de este sello editorial es un honor y un privilegio excepcional.

Gracias a todas las empresas internacionales y organizaciones globales a donde me llaman para ser su mentora y consultora, tanto en Latinoamérica como en Estados Unidos.

Gracias a mis estudiantes de maestría y doctorado en prestigiosas universidades, porque siguen mis enseñanzas de Comunicación como una forma de transformación de sus competencias comunicativas, tanto para la carrera profesional, como para la gran carrera de su vida personal.

Gracias a todos mis lectores en Latinoamérica, Estados Unidos y el mundo de habla hispana, porque me han acompañado durante diecisiete años, con mis libros anteriores y con este, el noveno. Por permitirme ser su mentora para ayudarlos a brillar como diamantes sobre el mar...

¡Gracias!

NOTAS

Epígrafe
1. Biografías y Vidas. Pericles, https://www.biografiasyvidas.com/biografia/p/pericles.htm. Martin, Thomas - (Madrid: Editorial: Ediciones Rialp 2018). Colección: Historia - ISBN: 9788432149283.

Introducción
1. «Ser, o no ser, esa es la cuestión», frase inicial del soliloquio pronunciado por el Príncipe Hamlet en la «escena de monjas» de la obra *Hamlet*. Acto III, Escena I. de William Shakespeare.

PRIMERA PARTE
1. Sonia González, *PIC: Pasión, Innovación, Coraje. 3 indicadores de alto impacto* (Nashville: Grupo Nelson, 2015).
2. Mateo 22.39.
3. Lucas 5.36–38.
4. Juan 3.3.
5. Génesis 1.26; 2.18–23.
6. Gálatas 5.22–23.
7. 2 Pedro 1.5–7.
8. Daniel Goleman, *Inteligencia Emocional*, 4ta ed. (Barcelona: Kairós, 1996).
9. Juan 4.13–14.
10. Juan 7.37–38.
11. Mateo 7.16–20.
12. María José García Sierra, Recursos y tensiones en el proceso de individuación en mujeres adultas que viven en el hogar de origen. (Tesis máster en Psicología Clínica, Pontificia Universidad Javeriana, Bogotá, 2015). Biblioteca Universidad Javeriana. Bogotá. Colombia.
13. «El rostro de las emociones» - Paul Ekman, traducción de Jordi Joan Serra, 2013 (Barcelona: Edición digital RBA – Libros S. A., 2017).
14. Aristóteles, Ética a Nicómaco. Introducción, Traducción y Notas de José Luis Calvo Martínez (Madrid: Alianza Editorial, 2001)
15. Sonia González. B. Página de autora, Amazon, https://www.amazon.com/Sonia-Gonz%C3%A1lez-B./e/B06XCZPQQB

16. www.soniagonzalezb.com / www.clicmentors.com / contacto@soniagonzalezb.com/ info@soniagonzalezcomunicacion.com / Facebook - Instagram - Linked In - Twitter: @soniagonzalezb

17. Daniel Goleman, *Inteligencia emocional* (Barcelona: Kairós, 1996).

18. Sonia González-B., *El ABC de la comunicación efectiva*, 2da. edición compilada de la serie Mentoring para comunicadores inteligentes (Hablar – Escribir – Escuchar) (Nashville: Editorial Grupo Nelson, 2015), www.amazon.com/. (Ok. Corregido el título en el texto)

19. Boris Johnson, *El factor Churchill* (España: Editorial Alianza, 2017)

20. Marcos 12.30.

21. «Adam Grant: Original y Brillante», Entrevista de Federico Fernández de Santos, Executive Excellence, http://www.eexcellence.es.

22. Paul Ekman, *Emotion in the human face,* 2da. edición (Editorial Malor Books).

23. Sonia González, El ABC de la comunicación Efectiva. Editorial Harper Collins. 2015. Nashville, TN.

24. *Sociolinguistics: An International Handbook of the Science of Language and Society*, Vol. 3, 2da ed., Ulrich Ammon, Norbert Dittmar y Klaus J, Mattheier (eds.) (Berlín: De Gruyter Mouton).

SEGUNDA PARTE

1. Napoleon Bonaparte. https://proverbia.net/cita/1770-la-envidia-es-una-declaracion-de-inferioridad

2. Salmos 37.1–4.

3. 1 Corintios 13.4.

4. Proverbios 14.30 (RVR1960).

5. Miguel de Cervantes Saavedra, *Don Quijote de la Mancha,* Cap. VIII, https://cvc.cervantes.es/literatura/clasicos/quijote/edicion/parte2/cap08/default.htm.

6. Jackson Brown, *The Complete Live and Learn and Pass It On* (Nashville: Thomas Nelson.

7. Wallace Stevens, *De la simple existencia* (Barcelona: Nuevas Ediciones de Bolsillo, 20.

8. Salmos 55.2–21.

9. Salmos 37.1–4.

10. Nelson Mandela, Las 40 mejores frases de Nelson Mandela – Psicología y Mente. https://psicologiaymente.com/reflexiones/frases-rencor

11. Paul Boese, «El Descanso» - Una historia de Segundas oportunidades. Andy Andrews. Grupo Nelson. Nashville, TN. 2011. P. 266.

12. Lucas 23.34.

13. Bernardo Stamateas, Gente Tóxica – Editorial : Vergara - 25 de septiembre de 2018

14. Dale Carnegie - Academia - http://www.academia.edu/8578841/Carnegie_Dale_-_Como_Suprimir_Las_Preocupaciones_Y_Disfrutar_De_La_Vida.

15. Mark Goulston, *¡Solo escucha!: Descubre el secreto de impactar positiva y totalmente a quienes quieres* (Taller del éxito exprés, 2013). https://kupdf.net/download/solo-escucha-descubre-el-secreto-de-impactar-positiva-y-totalmente-a-quien-quieras_59627db9dc0d605b692be30c_pdf.

16. http://www.walter-riso.com/tp_show/guia-practica-para-afrontar-la-dependencia-emocional/.

17. https://al-anon.org/es/.

18. Rafael Echeverría, *Ontología del lenguaje* (Chile: Comunicaciones Noreste Ltda., 2005.

19. 19. Ibíd.

20. https://www.amazon.com/Miracle-Water-Masaru-Emoto/dp/1451608055.

21. Daniel Goleman, Inteligencia Emocional - https://www.psicoactiva.com/blog/las-mejores-frases-de-daniel-goleman/

22. John C. Maxwell, *El lado positivo del fracaso* (Nashville: Grupo Nelson, 2011).

23. clicmentors.com - http://clicmentors.com/.

24. David Allen, *Organízate con eficacia* (Editorial Empresa Activa, 2001).

25. Nehemías 8.10.

26. Proverbios 24.16.

27. Arianna Huffington, FORBES – España - http://forbes.es/emprendedores/8839/frases-inspiradoras-de-arianna-huffington/12/

28. Martin Luther King, FORO ECONÓMICO MUNDIAL - https://es.weforum.org/agenda/2018/01/7-citas-de-martin-luther-king-que-resuenan-hoy/

29. Marie Curie, Frases de Marie Curie. https://frasesmotivacion.net/frases-motivacion-autor/frases-de-marie-curie

30. Job 3.25-26.

31. Dan Buettner, El Agradecimiento. https://citasyfrasesde.com/agradecimiento-33/

32. Robert Emmonds, ¡GRACIAS! (Barcelona: Ediciones B, S.A.).

33. Lucio Anneo Séneca, *Sobre la brevedad de la vida, el ocio y la felicidad*, Traducción: Eduardo Gil Bera (Barcelona, Acantilado, 2017) .

34. Sonia González, *POWER PEOPLE* (Nashville: Editorial: Harper Collins, 2014),

35. 1 Tesalonicenses 5.16-18.

36. Mateo 12.33-37.

37. Éxodo 16.8.

38. Proverbios 20.3.

39. Proverbios 17.14.

40. Proverbios 17.1.

41. Luo Chenglie, *La Historia de Confucio* (México D.F.: Editorial Lectorum, 2006), www.barnesandnoble.com.

42. Sonia González, *Habilidades de comunicación hablada* (Nashville: Grupo Nelson, 2011),

43. Sonia González, *El ABC de la comunicación efectiva* (Nashville: Grupo Nelson, 2015), https://www.amazon.com/El-ABC-comunicacionefectiva.

44. Thomas Jefferson, Frases de Thomas Jefferson - https://www.mundifrases.com/frases-de/thomas-jefferson/

45. Salmos 37.

46. Proverbios 29.11.

47. Proverbios 19.11 (NBLH).

48. Eclesiastés 7.9 (NBLH).

49. Proverbios 15.1-2.

50. Proverbios 16.32 (NBLH).

51. Proverbios 22.24 (NBLH).

52. Santiago 1.19-22.

53. William James - PRAGMATISMO - https://www.amazon.es/Pragmatismo-nombre-maneras-Bolsillo-. Alianza Editorial - 2016.

54. María Dolores Avia y Carmelo Vázquez, *Optimismo inteligente* (España: Editorial Alianza, 2011).

55. Corrie Ten Boom Preocupaciones - https://www.rinconpsicologia.com/2017/07/preocupacion-no-borra-dolor-elimina-fuerza.html

56. Max Lucado, *Ansiosos por nada* (Nashville: Editorial Thomas Nelson, 2017).

57. Ansiedad, Composición: José Enrique Sarabia, http://mimundomusical.com/?p=10292.

58. Walter Riso, *Amar o depender* (Estados Unidos: Editorial Vintage español, 2012).

59. Walter Riso, Sabiduría emocional: Un reencuentro con las fuentes naturales del bienestar y la salud emocional (De regreso a casa) (Colombia: Grupo editorial Norma, 1997).

60. Hebreos 6.19.

61. http://www.comunidadbaratz.com/blog/los-10-libros-mas-leidos-y-vendidos-en-el-mundo/.

62. Mateo 6.25-34.

63. 1 Pedro 5.7-8.

64. Alan Watts,

65. Jeremías 29.11-13.

66. Salmos 1.1-3.

67. Pablo Picasso , PICASSO - https://www.amazon.com/Picasso-Spanish-Hector-Traductor-Suarez - Edición Kindle.

68. Sonia González, El ABC de la comunicación efectiva: Hablada, escrita y escuchada (Nashville: Grupo Nelson, 2015), www.amazon.com/El-ABC-comunicacion-efectiva-ebook/.

69. Rick Warren, Una vida con propósito (Miami: Editorial Vida, 2012)

70. Dr. Wayne W. Dyer – Tus zonas erróneas: Guía para combatir las causas de la infelicidad– Edición: Vintage – Español - 2010.

71. Juan 1.12.

72. Marcos 9.23.

73. Alejandro Dumas, Los tres mosqueteros, Obra completa (Barcelona: Editorial Hispano Americana, 2011).

74. Hebreos 11.1.

75. Romanos 10.17.

76. http://www.spurgeon.com.mx/sermon107.html

77. Juan 14.12.

78. Marcos 9.23 (DHH).